Sanskrit Fragments of the Pañcavastuka

五事論梵文断簡

Jin-il Chung & Takanori Fukita

SEPTEMBER 2017

TOKYO
THE SANKIBO PRESS

Sanskrit Fragments of the Pañcavastuka

五事論梵文断簡

Jin-il Chung & Takanori Fukita

Contents

Acknowledgements 5

Preface 7

Abbreviations 11

Symbols Used 17

Transliteration 19

Juxtaposition 25

Appendix:

Structure of the Pañcavastuka .... i–vi

Plates .... I–VII

Acknowledgements

The present work represents an attempt to reconstruct the Sanskrit text of the Pañcavastuka, insofar as the material basis allows us. Even this modest project would not have been realized smoothly without the kind support of several people. In particular, we would like to mention Klaus Wille of the *Göttingen Academy of Sciences and Humanities*. He spared no effort in making all relevant Sanskrit material available to us. We also would like to thank Christoph Rauch of the *Berlin-Brandenburg Academy of Sciences and Humanities*. He made the digital photos of the Sanskrit fragments of the Turfan finds available to us, all of which were needed to reconstruct the Sanskrit text.

During the preparation of the present work we have benefited greatly from scholars engaged in related studies who genereously shared their expertise with us. For this reason we would like to express our sincere thanks to Jong-nam Choi, Takamichi Fukita, Yoshifumi Honjō, Tsuneki Nishiwaki, Kazunobu Matsuda, and Shizuka Sasaki. Hironori Tanaka and Jowita Kramer kindly took the time to review our draft. Their corrections and suggestions led to many improvements in this work. We also want to express our deep gratitude to Lambert Schmithausen, who besides the usual corrections also provided us with a number of valuable suggestions and solutions to some remaining questions.

The facsimiles of the Sanskrit fragments at the end of this volume are prepared by Takamichi Fukita on the basis of the digital photos from Berlin. Furthermore, we are indebted to Renée Marshall for proofreading of the English text. Last but not least, we would like to express our sincere thanks to Zennō Ishigami. It is through his good offices that our humble work can be presented now in this form to the community of Buddhist studies.

Göttingen/Kyōto, June 2017

Preface

The present volume contains an early Buddhist Abhidharma text known as Pañcavastuka[1] ('classification of *dharmas* into five categories') which according to E. Frauwallner might be regarded as "the most important step on the way from Buddhist dogmatics to a philosophical system".[2] In this text the five categories of dharmas (*pañca dharmāḥ*, i.e. *rūpaṃ cittaṃ caitasikā dharmāś cittaviprayuktāḥ saṃskārāḥ asaṃskṛtañ ca*) are first enumerated and then explained. Its authorship is ascribed to Vasumitra (世友),[3] and has survived in four Chinese translations. The first two (T 1541 衆事分阿毘曇論, T 1542 阿毘達磨品類足論) are passed down to us as a part of the Prakaraṇapāda,[4] one of the seven Abhidharma books of the Sarvāstivāda tradition, and the second two (T 1556 薩婆多宗五事論,[5] T 1557 阿毘曇五法行經) as independent single texts. The first two are translated by Guṇabhadra (求那跋陀羅) and Xuanzang (玄奘), and the second two by Facheng (法成, Tib. chos grub) and An Shigao (安世高) respectively. Facheng's translation in the Taishō edition is based on a print version of a manuscript from Dunhuang (敦煌)[6] by T. Haneda and P. Pelliot,[7] and is quite similar in content as the first two, but also reflects many errors, omissions, and inconstancies in the manuscript. Among the above four Chinese translations, the one by An Shigao shows many differ-

---

[1] On the title, see PañcaV(Im) 12 f.

[2] On this topic, see E. Frauwallner, *Studies in Abhidharma Literature and the Origins of Buddhist Philosophical Systems*, translated from the German by S. Kidd under the supervision of E. Steinkellner, New York 1995, p. 147. Cf. also H. Sakurabe, *Kusharon no kenkyū — Kai-, Konpon* (*A Study on the Abhidharmakośabhāṣya — Dhātu-, Indriyanirdeśa*), Kyōto 1969, p. 53.

[3] Cf. Abhidh-k-vy 167.22 *Paṃcavastukādīny api hi tasya* (*scil. sthaviraVasumitrasya*) *saṃti śāstrāṇi*; T 1555, XXVIII 989 b2 尊者世友爲益有情製五事論.

[4] Abhidh-k-vy 9.13, 11.26 f.; Mvy 1420. Also known as *Prakaraṇaśāstra* (Abhidh-k-bh(P) 312.10), *Prakaraṇagrantha* (Abhidh-k-bh(P) 5.4, 6.5 et passim; Abhidh-k-vy 21.11 f., 24.31), or just as *Prakaraṇa* (Abhidh-k-bh(P) 8.21, 22 et passim).

[5] Translated into Sanskrit by N. Aiyaswami Sastri, "Pañcavastuka Śāstra and Vibhāṣā", *Visva-Bharati Annals* 10 (1961), pp. 1–12.

[6] According to BKD vol. 4, pp. 48 f. a manuscript held in the Stein Collection, British Library (in fact Pelliot Chinois 2116, Bibliothèque nationale de France). There is one more manuscript of this text in the Pelliot Collecion, namely Pelliot Chinois 2073. On this matter, see D. Ueda, *Zōho Tonkō Bukkyō no kenkyū* (*Studies on Buddhism in Dunhuang*, 2nd, revised and enlarged ed.), Tōkyō 2011, pp. 175 f.

[7] *Tonkō isho* (*Manuscrits de Touen-houang*: *conservés à la bibliothèque nationale de Paris*), Kyōto 1926, pp. 45–55.

ences compared with the other three.[8] Also a commentary on the Pañcavastuka has been passed down to us, namely T 1555 五事毘婆沙論 by Fajiu (法救 Dharmatrāta).[9]

The Prakaraṇapāda is considered, together with the Jñānaprasthāna (T 1543 阿毘曇八犍度論, T 1544 阿毘達磨發智論), to belong to the later, more developed stage of the canonical Abhidharma literature of the tradition in concern.[10] Presumably, our text was an independent work and later incorporated into the Prakaraṇapāda as its first chapter (五法品 or / and 辯五事品).[11] A small part of the Sanskrit text of the Pañcavastuka has been known so far through two manuscript fragments from Central Asia (SHT 1808a, b). In addition, two fragments of a Uygur-Sanskrit manuscript from the same region could be identified as belonging to the same text (TochSprR(B) 181, 182). These findings however were hardly enough for a sketch of the whole Sanskrit version. Fortunately, more and more fragments belonging to the same text have become available to us, as the cataloguing of the manuscripts preserved in the *Staatsbibliothek zu Berlin* and the *British Library* progresses.

A total of 17 fragments could be ascertained as containing the lines of the Pañcavastuka so far: Or.15009/94, 170;[12] SHT 27/5–11,[13] 961 (a+c+b),[14] 1808 (a, b),[15] 3239;[16] TochSprR(B) 181, 182.[17] SHT 1808 stems from a manuscript of the Pañcavastuka accompanied by a commentary on the Pañcavastuka, the so-called Pañcavastukavibhāṣā, whereas the seven fragments of SHT 27 which have been identified by L. Schmithausen as belonging to the Prakaraṇapāda supposedly build a part of a composit manuscript. The two fragments of SHT 1808 as well as TochSprR(B) 181 and 182 have already

---

[8] According to J. Imanishi (Prak(Im) 31–37) the first part of this text, T 1557, XXVIII 998 a12–c9, does not belong to the Pañcavastuka, but is an independent Sūtra (by the name of *Kuhui-jing* 苦慧經). For a comparative study of the four Chinese versions, see R Ikeda, "Gojiron no seiritsu to ruhu" (Establishment and Circulation of the Pañcavastuka), *Indogaku Bukkyōgaku Ronshū*: *Takasaki Jikidō Hakushi kanreki kinen ronshū* (*Studies in Indology and Buddhology*: *Festschrift in Honour of Dr. Takasaki Jikidō on His Sixtieth Birthday*), ed. Takasaki Jikidō Hakushi kanreki kinenkai, Tōkyō 1987.

[9] Translated into Sanskrit by N. Aiyaswami Sastri, "Pañcavastuka Śāstra and Vibhāṣā", *Visva-Bharati Annals* 10 (1961), pp. 13–48.

[10] On this topic, see E. Frauwallner, op. cit., pp. 13 f., 151 f.; Willemen et al., Ch. Willemen et al., *Sarvāstivāda Buddhist Scholasticism*, Leiden 1997 (Handbuch der Orientalistik II.11), pp. 66 f.; Bhikkhu Dhammajoti, *Sarvāstivāda Abhidharma*, Hong Kong 2007, pp. 100 ff.

[11] On this topic, see E. Frauwallner, op. cit., p. 32.

[12] First transliteration: BLSF II 162 f., 212 f.

[13] First transliteration: SHT XI 398–400.

[14] First transliteration: SHT III 222 f.

[15] First transliteration: PañcaV(Im) 6–9. See also SHT V 267–269.

[16] First transliteration: SHT X 12.

[17] First transliteration: TochSprR(B) II 103–105. See also PañcaV(K) 473–471(L).

been dealt with in detail by J. Imanishi and K. Kudara respectively. Together with them the 13 newly identified fragments cover more than half of the Pañcavastuka. Also the portions of Sanskrit counterparts that have not yet been discovered (highlighted grey in the juxtaposition) can safely be reconstructed for the most part by means of the Chinese versions and parallels in other Sanskrit texts.

E. Frauwallner has already studied the relationship between the two different descriptions of the elements of being (*dharma*s), namely Pañcavastuka and the Pañcaskandhaka, on the basis of the Chinese versions in his often cited, erudite article.[18] We hope we could alleviate the material gap that existed back then with regard to the Sanskrit text of the Pañcavastuka through this admittedly rather rudimentary and still fragmentary work. The present volume has largely benefitted from parallels contained in Sanskrit texts like the Abhidharmakośabhāṣya,[19] the Abhidharmasamuccaya,[20] and the Pañcaskandhaka[21] etc., as well as from the modern works in progress which specifically deal with the terms of the elements and their definitions contained in these and related works.[22]

---

[18] See E. Frauwallner, op. cit., pp. 135 ff.

[19] *Abhidharmakośabhāṣyam of Vasubandhu*, ed. P. Pradhan, Patna 1967 (TSWS 8).

[20] V. V. Gokhale, "Fragments from the Abhidharmasamuccaya of Asaṅga", *Journal of the Bombay Branch of the Royal Asiatic Society, New Series* 23 (1947), pp. 13–38; *Abhidharmasamuccaya of Asaṅga*, ed. P. Pradhan, Santiniketan 1950 (Visva-Bharati Studies 12); see also *Abhidharmasamuccaya and Abhidharmasamuccayabhāṣya*, ed. O. Hayashima, Shiga 2003 [found at http://www.shiga-med.ac.jp/public/yugagyo].

[21] *Vasubandhu's Pañcaskandhaka*, ed. by Li Xuezhu and Ernst Steinkellner, Beijing / Vienna 2008 (Sanskrit Texts from the Tibetan Autonomous Region 4).

[22] Y. Honjō, "Kusharon shichijūgo hō teigishū" (Definitions of the Seventy-five Elements in the Abhidharmakośabhāṣya), *Sankō Bunka Kenkyūjo Nenpō* (*Annual of the Sankō Research Institute for the Studies of Buddhism*) 26/27 (1995), pp. 1–30(L); A. Saitō et al., *Bukkyō yōgo no gendai kijun yakugo oyobi teigiteki yōreishū* (*Bauddhakośa*: *A Treasury of Buddhist terms and Illustrative Sentences*), 5 vols., Tōkyō 2011, 2014, 2017 (BIB 14, 16, 17, 20, 21).

Abbreviations

Editions, Treatises, and Dictionaries

Abhidh-d = *Abhidharmadīpa with Vibhāṣāprabhāvṛtti*, ed. P.S. Jaini, Patna 1959 (TSWS 4).

Abhidh-d(Pā) = Pāsādika (Bhikkhu), "Abhidharma-Zitate aus der Abhidharmakośavyākhyā, der Abhidharmadīpa-Vibhāṣāprabhāvṛtti und dem Arthaviniścayasūtra-Nibandhana", *Untersuchungen zur buddhistischen Literatur*, Göttingen 1994 (SWTF, Beiheft 5), pp. 146–149.

Abhidh-k = *L'Abhidharmakośa de Vasubandhu*, traduit et annoté par L. de La Vallée Poussin. Paris 1923–1931.

Abhidh-k-bh$_{H}$ = T 1558 阿毘達磨俱舍論, *Abhidharmakośabhāṣya*, transl. by Xuanzang (Hsüantsang 玄奘).

Abhidh-k-bh$_{P}$ = T 1559 阿毘達磨俱舍釋論, *Abhidharmakośabhāṣya*, transl. by Paramārtha (真諦).

Abhidh-k-bh(H) = Y. Honjō, "Kusharon shichijūgo hō teigishū" (Definitions of the Seventy-five Elements in the Abhidharmakośabhāṣya), *Sankō Bunka Kenkyūjo Nenpō* (*Annual of the Sankō Research Institute for the Studies of Buddhism*) 26/27, pp. 1–30(L).

Abhidh-k-bh(P) = *Abhidharmakośabhāṣyam of Vasubandhu*, ed. P. Pradhan, Patna 1967 (TSWS 8).

Abhidh-k-bh(Pā) = Pāsādika (Bhikkhu), *Kanonische Zitate im Abhidharmakośabhāṣya des Vasubandhu*, Göttingen 1989 (SWTF, Beiheft 1).

Abhidh-k-vy = *Sphuṭārthā Abhidharmakośavyākhyā*, ed. U. Wogihara, Tōkyō 1932–1936.

Abhidh-k-vy(Pā) = Pāsādika (Bhikkhu), "Abhidharma-Zitate aus der Abhidharmakośavyākhyā, der Abhidharmadīpa-Vibhāṣāprabhāvṛtti und dem Arthaviniścayasūtra-Nibandhana", *Untersuchungen zur buddhistischen Literatur*, Göttingen 1994 (SWTF, Beiheft 5), pp. 127–145.

ArthavSū(Pā) = Pāsādika (Bhikkhu), "Abhidharma-Zitate aus der Abhidharmakośavyākhyā, der Abhidharmadīpa-Vibhāṣāprabhāvṛtti und dem Arthaviniścayasūtra-Nibandhana", *Untersuchungen zur buddhistischen Literatur*, Göttingen 1994 (SWTF, Beiheft 5), p. 150.

ArthavSū(S) = "Arthaviniścayasūtram", *The Arthaviniścaya-sūtra and its Commentary* (*Nibandhana*), ed. N. H. Samtani, Patna 1971 (TSWS 13), Chapter 10: text of the sūtra, pp. 1–68.

ArthavSū(V) = "Arthaviniścayasūtram", *Mahāyāna-sūtra-saṃgrahaḥ*, ed. P. L. Vaidya, vol. 1, Darbhanga 1961 (Buddhist Sanskrit Texts 17), Chapter 19, pp. 309–328.

AS(G) = V.V. Gokhale, “Fragments from the Abhidharmasamuccaya of Asaṅga”, *Journal of the Bombay Branch of the Royal Asiatic Society, New Series* 23 (1947), pp. 13–38 [also in AS/ASbh(H)].

AS(L) = X. Li, “Diplomatic Transcription of Newly Available Leaves from Asaṅga’s Abhidharmasamuccaya — Folios 1, 15, 18, 20, 23, 24 —”, ARIRIAB 16 (2013), pp. 241–253; “do. — Folios 29, 33, 39, 43, 44 —”, ARIRIAB 17 (2014), pp. 105–206.

AS(P) = *Abhidharmasamuccaya of Asaṅga*, ed. P. Pradhan, Santiniketan 1950 (Visva-Bharati Studies 12) [also in AS/ASbh(H)].

AS/ASbh(H) = *Abhidharmasamuccaya and Abhidharmasamuccayabhāṣya*, ed. O. Hayashima, Shiga 2003 [found at http://www.shiga-med.ac.jp/public/yugagyo].

AS_H = T 1605 大乘阿毘達磨集論, Abhidharmasamuccaya, transl. by Xuanzang (Hsüantsang 玄奘).

ASbh = *Abhidharmasamuccayabhāṣyam*, ed. N. Tatia, Patna 1976 (TSWS 17).

AS-vy(L) = X. Li, “Diplomatic Transcription of the Sanskrit Manuscript of the Abhidharmasamuccayavyākhyā — Folios 2 v4–8 v4 —”, ARIRIAB 18 (2015), pp. 275–283; “do. — Folios 8 v4–18 r1 —”, ARIRIAB 19 (2016), pp. 217–231; “do. — Folios 18 r1–23v4 —”, ARIRIAB 19 (2017), pp. 231–240.

BaudhaK = *Bauddhakośa*: *A Treasury of Buddhist terms and Illustrative Sentences*,
vol. I, A. Saitō et al., *The Seventy-five Elements* (dharma) *of Sarvāstivāda in the Abhidharmakośabhāṣya and Related Works*, Tōkyō 2011 (BIB 14);
vol. II, A. Saitō et al., *The One Hundred Elements* (dharma) *of Yogācāra in the Abhidharmasamuccaya and Pañcaskandhaka*, Tōkyō 2014 (BIB 16);
vol. IV, I. Miyazaki et al., *The Seventy-five Dharmas Extracted from the Madhyamakapañcaskandhaka*, Tōkyō 2017 (BIB 20);
vol. V, Y. Muroji et al., *Terms Contained within the One Hundred Elements* (dharma) *and Terms of the Twelve Members of pratītyasamutpāda in the Yogācārabhūmi*, Tōkyō 2017 (BIB 21).

BKD = *Bussho kaisetsu daijiten* (A Bibliographical Lexicon of Buddhist Works written in Chinese or Japanese), ed. G. Ono, 12 vols., Tōkyō 1933–1936.

BLSF = *Buddhist Manuscripts from Central Asia*: *The British Library Sanskrit Fragments*, ed. (in chief) S. Karashima, K. Wille, J. Nagashima, Tōkyō, vol. I 2006, vol. II 2009, vol. III 2015.

DhK_H = T 1540 阿毘達磨界身足論, *Dhātukāya*, transl. by Xuanzang (Hsüantsang 玄奘).

Dhsgr = *Dharmasaṃgraha*, ed. F. M. Müller, H. Wenzel, Oxford 1885 (Anecdota Oxoniensia, Aryan Series I.5).

Dhsk(D) = S. Dietz, *Fragmente des Dharmaskandha*: *Ein Abhidharma-Text in Sanskrit aus Gilgit*, Göttingen 1984 (AAWG, Phil.-Hist. Kl., 3. Folge, 142).

$Dhsk_H$ = T 1537 阿毘達磨法蘊足論, *Dharmaskandha*, transl. by Xuanzang (Hsüantsang 玄奘).

H&P = T. Haneda and P. Pelliot, *Tonkō isho* (*Manuscrits de Touen-houang*: *conservés à la bibliothèque nationale de Paris*), Kyōto 1926.

JP(Ch) = J. Chung, "Sanskrit Fragments Corresponding to Chapter I.8 of the Jñānaprasthāna", *International Journal of Buddhist Thought & Culture* 26.2 (2016), pp. 187–227.

JP$_{\mathrm{GS}}$ = T 1543 阿毘曇八犍度論, *Jñānaprasthāna*, transl. by [Gautama] Saṃghadeva ([瞿曇] 僧伽提婆).

Lamotte, Traité = É. Lamotte, *Le traité de la grande vertu de sagesse de Nāgārjuna* (*Mahāprajñāpāramitāśāstra*), 5 vols., Louvain 1944–1980 (Bibliothèque du Muséon 18, Publications de l'Institut Orientaliste de Louvain 2, 12, 24).

MuPSk = "Bonbun kōtei *Muni-ishu Shōgon* dai isshō (fol. 48 r4–58 r5): *Chūgan Gounron* ni motozuku issaihō no kaisetsu (Critical Edition of the Sanskrit Text of the *Munimatālaṃkāra* Chapter 1 (fol. 48 r4–58 r5): Explanation of *skandha*, *dhātu*, and *āyatana* Based on Candrakīrti's *Pancaskandhaka*)", ed. X. Lee, K. Kanō, *Mikkyō Bunka* (*Journal of Esoteric Buddhism*) 234 (2015), pp. 7–44(L).

Mvy = *Mahāvyutpatti*, *Bon-zō-kan-wa shiyaku taikō honyaku myōgi taishū* (*Comprehensive Sanskrit-Tibetan-Chinese-Japanese Dictionary of Buddhist Terms*), ed. R. Sakaki, 2 vols., Tōkyō 1962.

NA$_{\mathrm{H}}$ = T 1562 阿毘達磨順正理論, *Sanghabhadra's *Nyāyānusāra* (or °*sāriṇī*?), transl. by Xuanzang (Hsüantsang 玄奘).

NidSa = Ch. Tripāṭhī, *Fünfundzwanzig Sūtras des Nidānasaṃyukta*, Berlin 1962 (STT 8).

Or.15009 = T. Fukita et al., "The Sanskrit Fragments Or.15009 in the Hoernle Collection: Nr. 1–350", BLSF II.1, pp. 105–334, III.1, pp. 233–484.

PañcaV(Im) = J. Imanishi, *Das Pañcavastukam und die Pañcavastukavibhāṣā* (*Abhidharmatexte in Sanskrit aus den Turfanfunden I*), Göttingen 1969 (Nachrichten der Akademie der Wissenschaften in Göttingen, Phil.-Hist. Kl. 1/1969).

PañcaV(K) = K. Kudara, "Tokarago B ni yoru abidaruma ronsho kankei no danpen ni tsuite (Fragments of Abhidharma Texts in Tokharian B: II Commentaries on the Pañcavastuka)", *Indogaku Bukkyōgaku Kenkyū* (*Journal of Indian and Buddhist Studies*) 32.1 (1983), pp. 473–468.

P.Chin. = Pelliot Chinois, Bibliothèque nationale de France.

Prak$_{\mathrm{G}}$ = T 1541 衆事分阿毘曇論, *Prakaraṇapāda*, transl. by Guṇabhadra (求那跋陀羅).

Prak$_{\mathrm{H}}$ = T 1542 阿毘達磨品類足論, *Prakaraṇapāda*, transl. by Xuanzang (Hsüantsang 玄奘).

Prak(Im) = J. Imanishi, "Honrui-sokuron no genbun ni tsuite" (On the Original Text of the Prakaraṇapāda), *Hokkaidō Daigaku Bungaku-bu Kiyō* (*Hokkaidō University Annual Report of Cultural Science*) 25.2 (1977), pp. 1–37.

PSk = *Vasubandhu's Pañcaskandhaka*, ed. by Li Xuezhu and Ernst Steinkellner, Beijing / Vienna 2008 (Sanskrit Texts from the Tibetan Autonomous Region 4).

PSk$_{\mathrm{D}}$ = T 1613 大乘廣五蘊論, *Sthiramati's Pañcaskandhaka*, transl. by Divākara (地婆訶羅).

PSk_H = T 1612 大乘五蘊論, *Vasubandhu's Pañcaskandhaka*, transl. by Xuanzang (Hsüantsang 玄奘).

PV_F = T 1556 薩婆多宗五事論, Pañcavastuka, transl. by Facheng (法成).

SamBh = M. Delhey, *Samāhitā Bhūmiḥ: Das Kapitel über die meditative Versenkung im Grundteil der Yogācārabhūmi*, 2 Teile, Wien 2009 (Wiener Studien zur Tibetologie und Buddhismuskunde 73.1–2).

Saṅg = *Dogmatische Begriffsreihen im älteren Buddhismus II: Das Saṅgītisūtra und sein Kommentar Saṅgītiparyāya*, 2 vols., ed. V. Stache-Rosen (nach Vorarbeiten von K. Mittal), Berlin 1968 (STT 9).

$SaṅgPar_H$ = T 1536 阿毘達磨集異門足論, *Saṅgītiparyāya*, transl. by Xuanzang (Hsüantsang 玄奘).

ŚĀS-ṭ = *Sphuṭārthā Śrīghanācārasaṃgrahaṭīkā*, ed. S. Singh, Patna 1968 (TSWS 11).

SBV = *The Gilgit Manuscript of the Saṅghabhedavastu, Being the 17th and last Section of the Vinaya of the Mūlasarvāstivādin*, ed. R. Gnoli, 2 parts, Roma 1977, 1978 (Serie Orientale Roma 49.1, 2).

SHT = *Sanskrithandschriften aus den Turfanfunden*, ed. (in chief) E. Waldschmidt, H. Bechert, Teil I–III, E. Waldschmidt et al., Wiesbaden 1965, 1968, 1971 (VOHD X,1–3); Teil IV–V, L. Sander, E. Waldschmidt, Wiesbaden / Stuttgart 1980, 1985 (VOHD X,4 f.); Teil VI–XII, K. Wille, Stuttgart 1989, 1995, 2000, 2004, 2008, 2012, 2017 (VOHD X,6–12).

ŚrBh(T) = *Yugaron Shōmonji: Sansukurittogo tekisuto to wayaku* (*Śrāvakabhūmi: Revised Sanskrit Text and Japanese Translation*), ed. Śrāvakabhūmi Study Group, 3 parts, Tōkyō 1998, 2007 (TDSKS 4, 18) [part III forthcoming].

SWTF = *Sanskrit-Wörterbuch der buddhistischen Texte aus den Turfan-Funden*, ed. H. Bechert et al., Göttingen 1973 ff.

T = *Taishō shinshū daizōkyō* or *Taishō issaikyō*, 100 vols., Tōkyō 1924 ff.

TochSprR(B) = E. Sieg, W. Siegling, *Tocharische Sprachreste, Sprache B, im Auftrag der Deutschen Akademie der Wissenschaften zu Berlin herausgegeben*, 2 vols., Göttingen 1949, 1953.

Tvbh = H. Buescher, *Sthiramati's Triṃśikāvijñaptibhāṣya, Critical Editions of the Sanskrit Text and its Tibetan Translation*, Wien 2007 (Österreichische Akademie der Wissenschaften, Phil.-Hist. Kl., Sitzungsberichte 786; Beiträge zur Kultur- und Geistesgeschichte Asiens 57).

Uv = *Udānavarga*, ed. F. Bernhard, 2 vols., Göttingen 1965, 1968 (AAWG, Phil.-Hist. Kl., 3. Folge, 54).

$Vibh_B$ = T 1546 阿毘曇毘婆沙論, Vibhāṣā, transl. by Buddhavarman (浮陀跋摩).

$Vibh_H$ = T 1545 阿毘達磨大毘婆沙論, Vibhāṣā, transl. by Xuanzang (Hsüantsang 玄奘).

YBh_H = T 1579 瑜伽師地論, Yogācārabhūmī, transl. by Xuanzang (Hsüantsang 玄奘).

YBh(Bh) = *Yogācārabhūmi*, ed. by V. Bhattacharya, Calcutta 1957.

Series, Journals, and Others

AAWG = Abhandlungen der Akademie der Wissenschaften zu Göttingen, Phil.-Hist. Kl.

ARIRIAB = Sōka Daigaku Kokusai Bukkyōgaku Kōtō Kenkyūjo (Annual Report of the International Research Institute for Advanced Buddhology at Sōka University), Tōkyō.

BIB = Bibliotheca Indologica et Buddhologica, Tōkyō.

IDP = The International Dunhuang Project, the British Library, London (http://idp.bl.uk).

STT = Sanskrittexte aus den Turfanfunden, herausgegeben im Auftrage der Deutschen Akademie der Wissenschaften zu Berlin (Institut für Orientforschung; ab Nr. X in der Reihe der AAWG), Berlin/Göttingen.

TDSKS = Taishō Daigaku Sōgō Bukkyō Kenkyūjo Kenkyū Sōsho (Buddhist Studies Series of the Institute for Comprehensive Studies of Buddhism of the Taishō University), Tōkyō.

TSWS = Tibetan Sanskrit Works Series, Patna.

VOHD = Verzeichnis der orientalischen Handschriften in Deutschland, Wiesbaden/Stuttgart.

Symbols Used

[ ]	damaged akṣara
( )	restored akṣara
〈 〉	omitted akṣara
《 》	interlinear akṣara
~~ka~~	deleted akṣara
..	illegible akṣara
.	single element of an illegible akṣara
+	lost akṣara
±	akṣara lost through flaking off of ms.
///	leaf broken off here
’	avagraha, not written in manuscripts
*	virāma
. | ||	punctuation marks
ẖ	jihvāmūlīya
ḫ	upadhmānīya
○	punch hole
†	reconstructed portion

Transliteration

1 SHT 1808a (IDP: SHT 1808a1 + a2) *recto* [Text §§ I 1–II.iii(A) 4.1]

1 + + + + + + + + + + + ñca dharmāḥ rūpaṃ cittaṃ caitasik[ā] dha[r]m[ā] .. .. [vi]prayuktāḥ saṃskārāḥ asaṃskṛtañ ca [rū]

2 + + + + + + + + + + + tac catvāri mahābhūtāni catvāri [ca] ma[hā]bhūtāny upādāya · [ca]tvāri ma[h]ā[bh]ū[tā]

3 + + + + + + + + + O dhātur abdhātus tejodhātur [v]ā[y]u[dh]ātuś ci[ti] · upādāyarūpaṃ [ka]tarat* [ca]kṣ[u]rindr[i]yaṃ

4 + + + + + + + + + O yaṃ jihvendriyaṃ kāyendr. [y]. [·] rū[p]ā .i + .d[ā]ḥ gandhā rasāḥ spraṣṭavyaikade[śo] 'vijña

5 + + + + + + + + + + [t]taṃ mano vijñānaṃ tat punaḥ katara ṣa[ḍ] .ijñā[n]. + [y]āḥ cakṣurvijñānaṃ śrotra[ghr]. [ṇ]. [j]. [h].ā[k]ā

6 + + + + + + + + + + [k]ā dharmāḥ katame ye dharmāś cittena saṃpra[y]. + + + + + [k]. tame v[e]danā saṃj[ñ]ā cetanā s.

2 *verso* [Text §§ II.iii(A) 4.1–iv(A) 4.1]

1 + + + + + + + + + + + śraddhā vīryaṃ smṛtiḥ sa[m]ādhiḥ pra[j]ñ[ā] · vita .[k]. + + + + .[r]. mādo 'pra ± daḥ kuśa[l]. mū[lā]

2 + + + + + + + + + + [t]. mū[l]. n[i] · sarvāṇi saṃyojanāni bandha[n]. + + śayā upakleśāḥ paryavasthā[nā] yat ki

3 + + + + + + + O rśnaṃ yaḥ kaś cid abhisamaya ± ± + + .[u]nar anye 'py evaṃbhāgīyā dharm[ā]ś citte

4 + + + + + + + O .. cyante caitasikā dharmāḥ ‖ [c]ittavipray[ukt]āḥ saṃskārāḥ katame · ye dharmāś cittena

5 + + + + + + + + + + + + ptir asaṃjñasamāpattir nirodhasamāpattir ā ± ± ± .[ī]vitendriyaṃ nikāyasahabhā

6 + + + + + + + + + + + + [l]ābhaḥ āyatanapratilābhaḥ jātir ja ± ± ± r anityatā nāma[k]āyāḥ p. d. [k]ā[yā]

3 SHT 1808b (IDP: SHT 1808b1 + b2) *recto* [Text §§ II.iv(B) 4.1.16b–III 2]

1 + + + + + + + + + + + [k]. .. .. · ākāśaṃ [ka]tarat* yad ākāśaṃ ± ga + + .[phuṭ]. [m]. [s]ph. [r]. .. + .[ū] + + + +

2 + + + + + + + [ḥ ka]taraḥ yo ni[r]odho na [t]. visaṃyogaḥ pratisa[ṃ] ± + + + ± ± taraḥ yo nirodhaḥ sa ca .. [sa]ṃyo

3 + + + + + + + O pa[ñc]. dharmā r[ū]paṃ cittaṃ caitasikā [dh]. + + [t]t. [v]. [pr]. yuktāḥ saṃskārāḥ asaṃskṛta

4 Or.15009/94 *recto* [Text §§ II.ii(A) 4–iv(A) 5]

u /// + + + + + + + + + + + + + + + + + [n]. [ś]r. .[r]. + + + + +
v /// + + + + + + + + + + + + + + + .[r]. ddhā vīryaṃ smṛ .. + + .. +
w /// + + [j]. nāni b. [n]dh. .. .[y]. .u[ś]. y[ā]ny upakleśāḥ paryavasthānāni yat kiñ ci
x /// [me] ucyante caitasikā dharmāḥ cittaviprayuktāḥ saṃskārāḥ katame · ye
y /// .[i]kāyasahabhāgaḥ sthānapratilābhaḥ vastupratilābhaḥ āyatanapra
z /// [y]ā dharmāś [c]ittena vip[r]ay[u]k[t]ā[ḥ im]e [ucy]. .e .i .. .i .. ..ṃ .[ā] .. +

5 Or.15009/170 *recto* [Text §§ II.i(B) 2.2.2.3a–7d]

1 /// .. tamat* ghrā[ṇ]. [v]. [jñ]. + + + + + + + .[r]. .. ..ḥ j. hv. [nd]r.
2 /// [v]ijñāna[san]niśrayo [r]ūpa[pr]. [s]ādaḥ rūpāṇi katamāni · yā
3 /// r[ṇ]. [n]ibh[ā]ni yāni tatprathamata ekena vijñānena vijñeyāni ·
4 /// + + + + .. ṇi .[v]ābhyāṃ vijñānābhyāṃ vijñeyāni · cakṣurvijñā
5 /// + + + + + [ma]hābhūtahetu[k]āś ca ye tatprathamata e[k]e
6 /// + + + + .[ijñ]ānā[bh].āṃ [v]ij[ñ]eyā ś[r]ot[r]avi[j].ānena [m]. .o .[i] .[ā] +

6 *verso* [Text §§ II.i(B) 2.2.2.8c–10c]

1 /// + + + + + .[p]r. tha[m]. [t]. e[k]. na [v]. jñ[ā]n. [n]. [v]. jñ[ey]. .[r]. +
2 /// + + + + + .[ā] vijñeyā ghrāṇa[vi]jñānena manovijñānena [c].
3 /// + + + + .. tha[ma]ta ekena vijñānena vijñeyāḥ jihvāvi
4 /// [r]. [sā] dvā[bh]yā vijñānābhyāṃ vijñeyā jihvāvijñānena manovijñā
5 /// + [gh]utvaṃ [g]urutvaṃ śītaṃ [j]igha[t].. pipāsā · sa tatprathamata e
6 /// + [v]ij[ñ]eyaḥ it[y] a .i + + + + + + .[o] .[ābhyāṃ] vij.ānā[bh].ṃ

7 SHT 27 fol. 298 (IDP: SHT 27/5) *recto* [Text §§ II.iii(B) 4.1.19c–22c]

1 alobhaḥ ku[śa] O lamūlam* adv[e]ṣaḥ amohaḥ kuśa[la]mūlam* akuśa[la]mū[l]ā[n]. [k].
2 tamāni · trīṇ[y] a O kuśalamūlāni · lobhaḥ akuśalamūlaṃ · dveṣaḥ mohaḥ akuśala
3 mūlam* avyā O kṛtamūlāni katamāni · catvāry avyākṛtamūlāni · avyākṛtā tṛṣṇā ·
4 dṛṣṭiḥ mānam a O vidyā ca · saṃyojanāni katamāni · nava saṃyojanāni · a~~va~~nu

8 *verso* [Text §§ II.iii(B) 4.1.22c–22.3b]

1 nayasaṃyoja O naṃ · pratighasaṃyojanaṃ · mānasaṃ[y]ojanam. v. dyās. y. j. n. dṛṣṭi
2 saṃyojanaṃ pa O rāmarśasaṃyojanaṃ vicikitsāsaṃyojanaṃm īrṣyāsaṃyojanaṃ mātsarya
3 saṃyojanaṃ · O anunayasaṃyojanaṃ katamat* tr[ai]dhātuko rāgaḥ · pratigha
4 saṃyojanaṃ ka O tamat* satveṣv āghātaḥ [·] manasaṃyojanaṃ katamat* sap[t]. māna

9 fol. 302 (IDP: SHT 27/6) *recto* [Text §§ II.iii(B) 4.1.22.5.3b–6.1a]

1 kkriyāṃ vāpava ○ dati sad vā vastuṃ nāśayatas tad upādāya yā kṣānti rucir matiḫ prekṣā
2 dṛṣṭir iyam u ○ cyate mithyādṛṣṭiḥ ‖ ime tisro dṛṣṭayo dṛṣṭisaṃyojanam ity ucya
3 te · parāma ○ rśasaṃyojanaṃ katamat* dvau parāmarśau parāmarśasaṃyojanam i
4 [t]y uc[y]ate · d[ṛ]ṣ[ṭ]i ○ parāmarśaḥ śīlavrataparāmarśaś ca · dṛṣṭiparāmarśaḥ katamaḥ

10 *verso* [Text §§ II.iii(B) 4.1.22.6.1b–2d]

1 pañcopādāna ○ skandhān agrataḥ śreṣṭhataḥ paramataś ca samanupaśyataḥ tad upādā
2 ya yā kṣānti ru ○ cir matiḥ ppreksā dṛṣṭir ayam ucyate dṛṣṭi~~[v]ra[ta]~~parāmarsaḥ | śīlavra
3 taparāmarśaḥ ○ katamaḥ paṃcopādānaskandhāñ chuddhito muktito nairyāṇikataś ca sama
4 nupaśyataḥ ta ○ d upādāya yā kṣāntiḥ ruciḥ matiḥ prekṣā dṛṣṭir ayam ucyate

11 fol. 305 (IDP: SHT 27/7) *recto* [Text §§ II.iii(B) 4.1.24.3.1b–24.4b]

1 rūpappratisaṃ ○ yuktaḥ duḥkhadarśanapprahātavyo bhavarāgānuśayaḥ rūpapprat[i]
2 saṃyuktaḥ sa ○ mudayanirodhamārgadarśanabhāvanāprahātavyo bhavarāgānuśayaḥ
3 yathā rūpappra ○ tisaṃyuktaḥ evam ārūpyappratisaṃyukta itīme daśānuśayā
4 bhavarāgānu ○ śaya ity [u]cyate · mānānuśayaḥ katamaḥ | pañcadaśānuśayāḥ

12 *verso* [Text §§ II.iii(B) 4.1.24.4b–24.4.2]

1 [m]ānānuśaya ○ ity u[c]ya[t]. · [pa]ṃca kāmappra[t]i[sa]ṃyuktāḥ pa[ṃca rū]pappra-t[i]sa[ṃ]yu
2 ktāḥ paṃcārū ○ pyappratisaṃyuktāḥ | paṃca kāmappratisaṃyuktāḥ katame · kāma
3 ppratisaṃyukta[ḥ] ○ duḥkhadarśanapprahātavy[o] mānānuśayaḥ | kāmappratisaṃyuk-taḥ
4 samudayani ○ rodha[m]ārgadar[ś]anabhāvanāppra[h]ā[tavy]o mānānuśa[ya]ḥ yathā kā[ma]

13 fol. 306 (IDP: SHT 27/8) *recto* [Text §§ II.iii(B) 4.1.24.4.2–24.5.1b]

1 [p]pr. t. s. yuktāḥ ○ eva[ṃ r]ūpārūpyaprati[s]. + + + + .. m. pa[ṃ]cadaśā[n]uśay[ā]ḥ
2 [m]ānānuśaya ○ ity ucyate · avidyānu + + + + +[ḥ] paṃcadaśānuśayā avidyā
3 nuśaya i ○ ty ucyate · paṃca kāma[p](p)[r]. .[i] + + + + paṃca rūpappratisaṃyuktāḥ
4 paṃcārūpyapp[r]a ○ tisaṃyukt[ā]ḥ · paṃca [k]ā + + + + + .āḥ ka[ta]me · kāmapp[r]ati

14 *verso* [Text §§ II.iii(B) 4.1.24.5.1b–24.6b]

1 [saṃ]y[uk]t. [d]u[ḥ] ○ khadarśa[nap]r[ahāta]vy[o] 'v[i] + + + + + .. [p]pr. [tis]. [y]ukta[ḥ] samuda

2 yanirodhamā ○ rgadarśanabhāvanā[pra] .. + + + + + [ś]. yaḥ [ya]thā kāmapratisaṃ
3 yuktaḥ[1] evaṃ ○ rūpārūpyapratisaṃ[y]. + + + + + .. cadaśān[u]śayā [a]vidyānu
4 + ya it[y]. c[y]ate · ○ dṛṣ[ṭy]. nuśayaḥ kata[m]. + + + + + [ś]. yā dṛṣṭ[y]. nuśaya it[y u]c-
yate ·

15 fragm. g (fol. 310?) (IDP: SHT 27/11) *recto* [Text §§ II.iii(B) 4.2.1.2b–d]

1 + + + + + (○) + + + + + + + + + + + + [s]k. [r]. [ṇā] hetau yad anāsravaṃ jñāna
2 + + + + + (○) + + + + + + + + + + + + .ās[r]avaṃ jñānaṃ · rūpārūpyaprati
3 + + + + + (○) + + + + + + + + + + .g. [y]. d anāsravaṃ jñānam* api khalv a
4 + + + + + (○) + + + + + + + + + + + [j].ānam idam ucyate anvayaj[ñ]ānam iti · [‖]

16 *verso* [Text §§ II.iii(B) 4.2.1.3b–5a]

1 + + + + + (○) + + + + + + + + + + + + [v]. nā[pha]laṃ bh[ā]va[n]ām āgamya ppr. ti
2 + + + + + (○) + + + + + + + + + + .. vacarān samavahitān saṃmukhībhūtā
3 + + + + + (○) + + + + + + + + + + + + + .. [v]ān [i]da[m] u[c]yate paracit[t]ajñānaṃ ‖
4 + + + + + (○) + + + + + + + + + + + + .. [s].ṃ[v]. [t]ijñānam* duḥkhajñānaṃ

17 fragm. f (fol. 313?) (IDP: SHT 27/10) *recto* [Text §§ II.iii(B) 4.2.2b–4.2.3]

1 + + + + + (○) + + + + + + + + + + + [n]. m ap[i] tat* syāt tu darśanaṃ na jñāna[ṃ] aṣ[ṭ].
+ +
2 + + + + + (○) + + + + + + + + + + + nakṣāntir duḥkhe 'nvayajñānakṣāntiḥ sam. + +
3 + + + + + (○) + + + + + + + + + + + +ḥ nirodhe dharmajñānakṣāntiḥ ni[ro] + + +
4 + + + + + (○) + + + + + + + + + + + .. yajñānakṣāntiḥ [ya]ḥ kaś cit abhi[s]. + + +

18 *verso* [Text §§ II.iv(B) 4.1a–3b]

1 + + + + + (○) + + + + + + + + + + + prāptiḥ katamā dharmāṇāṃ pratilābha + + +
2 + + + + + (○) + + + + + + + + + + + [g]. sya upary avītarāgasya [n]iḥsa + + +
3 + + + + + (○) + + + + + + + + + + + [ta]sikānāṃ dharmmāṇāṃ nirodhaḥ · [n]i .. .. + +
4 + + + + + (○) + + + + + + + + + + + [tav]i[h]ā[ra]saṃj[ñ]ā[pū] .. [k]eṇa[2] manasi[k]. + +

19 fragm. e (fol. 314?) (IDP: SHT 27/9) *recto* [Text §§ II.iv(B) 4.3b–9a]

1 + + + + + (○) + + + + + + [ro]dhaḥ āsaṃjñikaṃ katarat* asa[ṃj]ñ[asa]tveṣūpa[3] + + + +
2 + + + + + (○) [k]. + + .[m]. + + .[o]dhaḥ | jīvitendriyaṃ katarat* traidhātukam ā[y]. + +
3 + + + + + (○) bhāgaḥ katamaḥ satvasabhāgatā sthānapratilābhaḥ kata[maḥ] .. + +
4 + + + + + (○) + [ti]lābhaḥ katamaḥ s[k]andhānāṃ p[r]atilābhaḥ ā[ya]tanapratilā .. + +

---

[1] Corrected to °*āḥ* subsequently.

[2] Between *ṇa* and *ma* interlinear *re*[*ṇa*].

[3] No trace of the vowel sign *i* above the akṣara *jña*.

20 *verso* [Text §§ II.iv(B) 4.9b–16a]

1 + + + + + (O) .āhyānām āyatanānā[ṃ] yaḥ pratilābhaḥ | [j]ā .[i]ḥ katamā skandhā[n].[ṃ] + +

2 + + + + + (O) [s]k. [ndh]ānāṃ paripākaḥ | sthitiḥ katamā · utpannānāṃ saṃskārāṇām a .[i] + +

3 + + + + + (O) .ā [·] .. ..ṃ +ṃsk[ā]rāṇāṃ vināśaḥ | nāmakāyāḥ kata[m]e ± + +

4 + + + + + (O) + + + + + + [a]kṣarapārip[ū]riḥ · vyaṃjanakāyāḥ [k]. + + + +

21 SHT 3239 *recto* [Text §§ II.iii(B) 4.2.1.1b–2b]

a /// + + [nā] s. sk[ār]. [ṇ]. + ///
b /// [a]pi khalu [dha]rmajñāne ///
c /// + + + ..[ṃy]. .ānā[ṃ] .. ///

22 *verso* [Text §§ II.iii(B) 4.2.1.9b–10c]

a /// + + + + + [t]. + [m]. [r]g. ///
b /// [ta]ṃ na pu[n].ḥ parijñeyam i ///
c /// + + .[ān]āti tad u[p]ād[ā] + ///

23 SHT 961a + c + b[4] *recto* [Text §§ II.iii(B) 4.1.23e–24.2e]

1 ndhanānīti · anu[ś]. + + + + + + + + + + ± [r]āgānuśayaḥ + + + + + [y]o bh. varāgānu-[ś]. .. + + + + + + + + + + + +

2 nuśayo vici[k]i[ts]. + + + + + + + + + + ±ḥ kataraḥ ± + + + + *kā*marāgān[uśaya] .. .. + + + + + + + + + + + +

3 yukto duḥkhadarśa + + + + + + + + + +[ḥ] kāmap[ra]ti[sa] + ± *sa*[m]u*dayan*[iro]-dham]ā .[g]. .. + + + + + + + + + + + + +

4 me pañcānuśayā ± + + + + + + + + + + te [·] pratighānu[ś]. + + [k]. [ta]raḥ pañcā-nuśayāḥ pra[t]. + + + + + + + + + + + + +

5 duḥkhadarśanapra[h]ā[t]. + + + + + + + + + [n]irodhamārgadarśa[n]. + vanāpra[hā]ta-v[y]aḥ pratighaḥ [i] + + + + + + + + + + +

24 *verso* [Text §§ II.iii(B) 4.1.24.3b–24.4.1a]

1 ± ± ± ± ± ± ± ± + + + + + + + + + + śānuśayāḥ bhava .. + nuśaya ity ucyate · katame da[ś]. + + + + + + + + +

2 ± ± ± ± ± ± ± ± + + + + + + + + + .. varāgānuśa[yā] + + .[e ·] rūpaprati[sa]ṃ[y]ukto duḥ .. + + + + + + + + +

3 ± ± ± ± ± ± ± + + + + + + + + + + + .. rśanabhāvanā[pr]. + + + + + *rā*ga[ḥ y]. *thā* r[ū]pa-[p]. .[i] + + + + + + + +

---

[4] Letters in italic: transliteration by E. Lü. Not preserved anymore.

4 ± ± ± ± ± ± ± ± + + + + + + + + + + + + [ty] ucyate · mā[n]. .. + + + [*ka*]*ta*[ra]ḥ [pa]ñca-daśānu[śa] .. + + + + + + + + +

5 ± ± ± ± ± ± ± ± + + + + + + + + + + + + [p]. pratisaṃyuktā + + + + + + [pr]. tisaṃyuktāḥ pa[ñ].. + + + + + + + + +

Juxtaposition

Preliminary Remark: The absence or rather irregularities of the Sandhi and orthographic characteristics known through publications of a similar character are not noted.[1] The legibility of the Sanskrit fragments are of extremely different quality and thus the use of the symbols for the transliteration might appear subjective and even problematic in places. We can only hope that further discoveries of the Sanskrit material and comments and suggestions from the user might improve shortcomings.

		Prak$_H$	**Prak$_G$**	**PV$_F$**
I	1	有五法[2]	五法。問: 云何五[3]	法有五種
		(1.1) + + + + + + + + + + (pa)ñca dharmāḥ[4]		
	2	一色。二心。三心所法。四心不相應行。五無爲	答: 謂色。心。心法。心不相應行。無爲[3]	一者色法。二者心法。三者心所有法。四者心不相應行法。五者無爲法
		rūpaṃ cittaṃ caitasikā dharmā(ś citta)viprayuktāḥ saṃskārāḥ asaṃskṛtañ ca[4]		
II.i(A)	1	色云何	云何色[5]	何名色法
		rū(1.2)(paṃ katarat*[6] |)[7]		
	2	謂諸所有色。一切四大種及四大種所造色	謂四大及四大造色[5]	謂彼一切從四大種・四大所造所生諸色
		(yat kiṃ cid rūpaṃ sarvaṃ) tac catvāri mahābhūtāni catvāri ca mahābhūtāny upādāya ·[7]		

---

[1] In this regard, see J. Chung, *Das Upasaṃpadāvastu: Vorschriften für die buddhistische Mönchsordination im Vinaya der Sarvāstivāda-Tradition*, Göttingen 2004 (SWTF, Beiheft 11), p. 21.

[2] Prak$_H$ (chap. VI) 712 c1 f. 有五法。謂色法。心法。心所法。心不相應行法。無爲法.

[3] Taishō edition regards 五法 as a part of the title of the chapter: 五法品第一五法. Prak$_G$ (chap. VI) 645 b21 f. 五法。謂色法。心法。心法法。心不相應行法。無爲法.

[4] Abhidh-k-bh(P) 52.19 f. *sarva ime dharmāḥ pañca bhavanti | rūpaṃ cittaṃ caitasikāś cittaviprayuktāḥ saṃskārā asaṃskṛtaṃ ca*; Abhidh-k-vy 123.13 f. *sarva ime dharmāḥ paṃca bhavaṃtīti paṃcavastukanayena evaṃ sarvadharmasaṃgraho vyavasthāpyate*; Vibh$_H$ 987 b21 f. 一切法不出五事。謂色。心。心所法。不相應行。無爲.

[5] Prak$_G$ (chap. VI) 652 a14 云何色法。謂一切四大及四大所造.

[6] Cf. II.i 2.2.1, below. On the variation in the use of *katama* / *katara*, cf. SWTF s.vv. *katama*, *katara*, 3.

[7] Cf. NidSa 16.7; ArthavSū(Pā) [2]; PSk A1†.

<table>
<tr><th></th><th>Prak$_{H}$</th><th>Prak$_{G}$</th><th>PV$_{F}$</th></tr>
<tr><td>2.1.1</td><td>四大種者</td><td>云何四大</td><td>何謂四大</td></tr>
<tr><td></td><td colspan="3">catvāri mahābhūtā(1.3)(ni katamāni |)[8]</td></tr>
<tr><td>2.1.2</td><td>謂地界。水界。火界。風界</td><td>謂地界。水・火・風界</td><td>謂[9]地界。水界。火界。風界</td></tr>
<tr><td></td><td colspan="3">(pṛthivī)dhātur abdhātus tejodhātur vāyudhātuś ceti[10] ·[8]</td></tr>
<tr><td>2.2.1</td><td>所造色者</td><td>云何造色</td><td>何名造色</td></tr>
<tr><td></td><td colspan="3">upādāyarūpaṃ katarat*[11]</td></tr>
<tr><td>2.2.2</td><td>謂眼根。耳根。鼻根。舌根。身根。色・聲・香・味・所觸一分及無表色</td><td>謂眼根。耳・鼻・舌・身根。色・聲・香・味・觸入少分及無作色</td><td>謂眼根。耳根。鼻根。舌根。身根。諸色。諸聲。諸香。諸味及觸一分兼無表色</td></tr>
<tr><td></td><td colspan="3">cakṣurindriyaṃ (1.4) (śrotrendriyaṃ ghrāṇendri)yaṃ jihvendriyaṃ kāyendr(i)y(aṃ) · rūpā(ṇ)i (śab)dāḥ gandhā rasāḥ spraṣṭavyaikadeśo 'vijña(1.5)(ptiś ca |)[11]</td></tr>
<tr><td>3</td><td>ø</td><td>是名色法</td><td>ø</td></tr>
<tr><td></td><td colspan="3">ø</td></tr>
<tr><td>II.ii(A) 1</td><td>心云何</td><td>云何心[12]</td><td>何名心法</td></tr>
<tr><td></td><td colspan="3">(cittaṃ katarat* |)[13]</td></tr>
<tr><td>2</td><td>謂心・意・識</td><td>謂意及六識[12/14]</td><td>謂心・意・識</td></tr>
<tr><td></td><td colspan="3">(yac ci)ttaṃ mano vijñānaṃ[13]</td></tr>
<tr><td>3</td><td>此復云何</td><td>云何六[15]</td><td>彼復云何</td></tr>
<tr><td></td><td colspan="3">tat punaḥ katara⟨t*⟩[13/16]</td></tr>
</table>

[8] Cf. PSk A1.1†; AS-vy(L) 6 r5 f. MuPSk 48 v1 *catvāri mahābhūtāni pṛthivyaptejovāyudhātavaḥ.*

[9] P.Chin. 2116 om.

[10] Ms (1.3) *ci*[*ti*].

[11] PSk A1.2†; AS-vy(L) 6 r6 f. *upādāyarūpaṃ* (AS-vy(L) °*aṅ*) *katamat** | *cakṣurindriyaṃ śrotrendriyaṃ ghrāṇendriyaṃ jihvendriyaṃ kāyendriyaṃ rūpaṃ śabdo gandho rasaḥ spraṣṭavyaikadeśo 'vijñaptiś ca* (AS-vy(L) °*deśo dhārmmāyatanādikañ ca rūpaṃ*).

[12] Prak$_{G}$ (chap. VI) 652 a14 f. 云何心法。謂六識身。眼識身。乃至意識身.

[13] Dhsk(D) 26 v2, 8 *tathāsamāpannasya yac cittaṃ mano vijñānam idam ucyate apramāṇaṃ maittrīsahabhuvaṃ cittaṃ* (Ms *citte*, [*c*]*i* +); ŚrBh(T) II 108.19 *tatra vijñānaskandhaḥ katamaḥ* | *yac cittaṃ mano vijñānam**. Cf. also NidSa 16.6; Saṅg VI.3; ArthavSū(S) 8.6–9. Cf. further Abhidh-k-bh(H) 11 f.; BauddhaK I 39 ff.; IV 56 ff.; V 10 f.

[14] Cf. Prak$_{H}$ and PV$_{F}$ 心・意・識.

[15] Skt. *katamāni ṣaṭ**, supposedly.

	$Prak_H$	**$Prak_G$**	**PV_F**
4	謂六識身。即眼識。耳識。鼻識。舌識。身識。意識	謂眼識。耳・鼻・舌・身・意識	謂眼識。耳・鼻・舌・身・意識六識之身
	ṣaḍ (v)ijñān(akā)yāḥ cakṣurvijñā(4.u)naṃ śrotraghr(ā)ṇ(a)j(i)h(v)ākā(1.6)(yamanovijñānaṃ |)[17]		
5	ø	是名心法	ø
	ø		
II.iii(A) 1	心所法云何	云何心法[18]	何名心所有法
	(caitasi)kā dharmāḥ katame[19]		
2	謂若法心相應	謂若法心相應	謂與心相應諸法
	ye dharmāś cittena saṃpray(uktāḥ |)[19/20]		
3	此復云何	〈彼復云何〉[18]	彼復云何
	(te punaḥ) k(a)tame[19]		
4.1	謂受。想。思。觸。作意。欲。勝解。念。定。慧。信。勤。尋。伺。放逸。不放逸。善根。不善根。無記根。一切結・縛。隨眠。隨煩惱。纏	謂受。想。思。觸。憶。欲。解脫。念。定。慧。信。精進。覺。觀。放逸。不放逸。善根。不善根。無記根。一切結・縛。使。煩惱上煩惱。纏[18]	謂受。相[21]。思。觸。作意。欲。勝解。信。精進。念。定。慧。尋。伺。放逸。不放逸。善根。不善根。無記根。諸結。繫縛。徵廣[22]。諸隨煩惱。纏繞安住
	vedanā saṃjñā cetanā s(pa)(2.1)(rśo manaskāraś chando 'dhimokṣaḥ) (4.v) [23–]śraddhā vīryaṃ smṛtiḥ samādhiḥ prajñā[–23] vita(r)k(o vicāraḥ p)r(a)mādo 'pra(mā)daḥ		

---

[16] Or °*a⟨ṃ⟩*. On the fluctuation between *katarat* and *kataram* cf. SWTF s.v. *katara*, 2, n.nom.sg.

[17] Cf. NidSa 16.6; Saṅg VI.3; ŚrBh(T) II 108.19 f. *ṣaḍ vijñānakāyāḥ* | *cakṣurvijñānaṃ śrotraghrāṇajihvākāyamanovijñānam**; MuPSk 57 r4 f. *vijñānaṃ ṣoḍhā* | *cakṣuḥśrotraghrāṇajihvākāyamanovijñānāni*.

[18] $Prak_G$ (chap. VI) 652 a15 ff. 云何心法法。謂若法心相應。彼復云何。謂受。想。思。觸。憶。欲。解脫。念。定。慧。信。精進。覺。觀。乃至煩惱。結。纏。如前五法品廣說.

[19] PSk A4.1 *caitasikā dharmāḥ katame* | *ye dharmāś cittena saṃprayuktāḥ* ‖ *te punaḥ katame*; Dhsgr § 30 *cittasaṃprayuktasaṃskārāś catvāriṃśat** | *tadyathā ...*

[20] Taking the expected number of akṣaras in the lacuna into account, possibly rather °*aḥ* in Ms without danda.

[21] P.Chin. 2073 想.

[22] T 微廣 (as H&P). The character 徵 does not occur in any lexicon so far. On the possible relationship between the Sanskrit and Chinese terms, see p. 53, note 195.

[23] Also PV_F and $Dhsk_H$ 500 c18 信。精進。念。定。慧, whereas $Prak_H$ and $Prak_G$ 念。定。慧。信。精進. On this topic, cf. PañcaV(Im) 21 ff.

	Prak$_H$	Prak$_G$	PV$_F$
	kuśal(a)mūlā(2.2)(ny akuśalamūlāny avyākṛ)t(a)mūl(ā)ni · sarvāṇi saṃyo(4.w)janāni bandhan(ān)y (an)uśayā[24] upakleśāḥ paryavasthānāni[25]		
4.2	諸所有智。諸所有見。諸所有現觀。復有所餘如是類法與心相應	若智。若見。若無間等。此及餘心相應共起者	知[26]・見。所有現觀。復有餘法與心相應
	yat ki(2.3)ñ ci(j jñānaṃ yat kiṃ cid da)rśanaṃ yaḥ kaś cid abhisamaya(ḥ | ye vā p)unar anye 'py evaṃbhāgīyā[27] dharmāś citte(2.4)(na saṃprayuktāḥ |)		
5	總名心所法	是名心法法	如是等類。名爲心所有法
	(i)(4.x)me ucyante caitasikā dharmāḥ ‖[28]		
II.iv(A) 1	心不相應行云何[29]	云何心不相應行[30]	何名心不相應行法
	cittaviprayuktāḥ saṃskārāḥ katame ·[31]		
2	謂若法心不相應[29]	謂若法不與心相應[30]	謂有諸法與心不相應
	ye dharmāś cittena (2.5) (viprayuktāḥ |)[31]		
3	此復云何[29]	〈彼復云何〉[30]	彼復云何
	(te punaḥ katame |)[31]		

[24] Ms 4.w *(an)u[ś](a)y[ā]ny upa°*.

[25] Ms 2.2 *°sthā[nā]*. Dhsgr § 30 *vedanā saṃjñā cetanā chaṃdaḥ sparśo matiḥ smṛtir manaskāro 'dhimokṣaḥ samādhiḥ śraddhāpramādaḥ praśrabdhir upekṣā hrīr apatrapālobho 'dveṣo 'hiṃsā vīryaṃ mohaḥ pramādaḥ kausīdyam aśrāddhyaṃ styānam auddhatyam ahrīkatānapatrapā krodha upanāhaḥ śāṭhyam īrṣyā pradāno mrakṣo mātsaryaṃ māyā mado vihiṃsā vitarko vicāraś ceti*; PSk A4.1 *sparśo manaskāro vedanā saṃjñā cetanā cchando 'dhimokṣaḥ smṛtiḥ samādhiḥ prajñā śraddhā hrīr apatrāpyam alobhaḥ kuśalamūlam adveṣaḥ kuśalamūlam amohaḥ kuśalamūlaṃ vīryaṃ praśrabdhir apramāda upekṣāvihiṃsā rāgaḥ pratigho māno 'vidyā dṛṣṭir vicikitsā krodha upanāho mrakṣaḥ pradāsa īrṣyā mātsaryaṃ māyā śāṭhyaṃ mado vihiṃsā āhrīkyam anapatrāpyaṃ styānam auddhatyam āśraddhyaṃ kauśīdyaṃ pramādo muṣitasmṛtitā vikṣepo 'saṃprajanyaṃ kaukṛtyaṃ middhaṃ vitarko vicāraś ca*.

[26] Wrongly for 智.

[27] Cf. ŚrBh(T) I 258.2, 9, 13, 18.

[28] Ms 4.x om. double danda (‖).

[29] Prak$_H$ (chap. IV) 699 b20 ff. 心不相應行蘊云何。謂心不相應法。此復云何。謂得。無想定。滅定。無想事。命根。衆同分。依得。事得。處得。生・老・住・無常。名身。句身。文身。復有此餘如是類法與心不相應。總名心不相應行蘊.

[30] Prak$_G$ (chap. VI) 652 a18 ff. 云何心不相應行。謂若法心不相應。彼復云何。謂諸得。乃至名・句・味身。如前五法品廣說.

[31] AS(G) 18.20; AS(P) 10.15; AS-vy(L) 18 r1 *cittaviprayuktāḥ saṃskārāḥ katame* |; PSk A4.2 *cittaviprayuktāḥ saṃskārāḥ katame* | *ye rūpacittacaitasikāvasthāsu prajñapyante tattvānyatvataś ca na prajñapyante* | *te punaḥ katame*; Dhsgr § 31 *tatra cittaviprayuktasaṃskārāś trayodaśa*.

	PrakH	PrakG	PVF
4.1	謂得。無想定。滅定。無想事。命根。衆同分。依得。事得。處得。生・老・住・無常性。名身。句身。文身[29]	謂諸得。無想定。滅盡定。無想天。命根。種類。處得。事得。入得。生・老・住・無常。名身。句身。味身[30]	謂得。無相[32]等至。滅盡等至。無相[32]所有。命根。衆同分。得處所。得事。得處。生・老・住・無常性。名身。句身。及以文身

(prā)ptir asaṃjñasamāpattir nirodhasamāpattir ā(saṃjñikaṃ j)īvitendriyaṃ (4.y) nikāyasahabhā(2.6)gaḥ sthānapratilābhaḥ vastupratilābhaḥ āyatanapratilābhaḥ jātir ja(rā sthiti)r anityatā nāmakāyāḥ p(a)d(a)kāyā (vyañjanakāyāḥ |)[33]

4.2	復有所餘。如是類法與心不相應[29]	此及餘不與心相應共起者	復有餘法與心不相應

(ye vā punar anye 'py evaṃbhāgī)(4.z)yā[27] dharmāś cittena viprayuktāḥ

5	總名心不相應行[29]	是名心不相應行法	如是等類。名爲心不相應行法

ime ucy(ant)e (c)i(ttav)i(prayuktāḥ sa)ṃ(sk)ā(rāḥ |)

II.v(A)	1	無爲云何	云何無爲[34]	何名無爲法

(asaṃskṛtaṃ katamat* |)[35]

2	謂三無爲	謂三無爲	謂三種無爲

(trīṇy asaṃskṛtāni |)[35]

一虛空。二非擇滅。三擇滅	虛空。數滅。非數滅	虛空。非擇滅。及以擇滅

(ākāśam apratisaṃkhyānirodhaḥ pratisaṃkhyānirodhaḥ |)[35]

3	ø	是名無爲法	此名無爲法

(idam ucyate 'saṃskṛtam* |)

II.i(B)	2.1.2.1a	地界云何	云何地界	云何地界

(pṛtivīdhātuḥ katamaḥ |)[36]

---

[32] P.Chin. 2073 無想.

[33] AS(G) 18.20 ff.; AS(P) 10.15 ff.; AS-vy(L) 18 r1 ff.; PSk A4.2 *prāptir asaṃjñisamāpattir nirodhasamāpattir* (AS-vy(L) *nnirodha°*) *āsaṃjñikaṃ jīvitendriyaṃ nikāyasabhāgatā* (AS-vy(L) *°bhāgaḥ*) *jātir jarā sthitir anityatā nāmakāyāḥ padakāyā vyañjanakāyāḥ pṛthagjanatvaṃ* ... (PSk *pṛthagjanatvam ity evaṃbhāgīyāḥ*); Dhsgr § 31 *prāptir aprāptiḥ sabhāgatāsaṃjñikaṃ samāptir* (!) *jīvitaṃ jātir jarā sthitir anityatā nāmakāyaḥ padakāyo vyaṃjanakāyaś ceti.*

[34] PrakG (chap. VI) 652 a20 f. 云何無爲法。謂三無爲。虛空。數滅。非數滅.

[35] Dhsgr § 32 *trīṇy asaṃskṛtāni* | *tadyathā* ‖ *ākāśaḥ pratisaṃkhyānirodho 'pratisaṃkhyānirodhaś ceti*; Abhidh-k-bh(P) 3.16 f. *trividhaṃ cāpy asaṃskṛtam** | *katamat trividham** | *ākāśaṃ dvau nirodhau ca katamau dvau* | *pratisaṃkhyānirodho 'pratisaṃkhyānirodhaś ca.*

	Prak$_{H}$	**Prak$_{G}$**	**PV$_{F}$**
b	謂堅性 (khakkhaṭatvam* |)[36]	謂堅[37]	謂堅硬性
2.1.2.2a	水界云何 (abdhātuḥ katamaḥ |)[38]	云何水界	云何水界
b	謂濕性 (dravatvam* |)[38]	謂濕潤[39]	謂薄[40]潤性
2.1.2.3a	火界云何 (tejodhātuḥ katamaḥ |)[41]	云何火界	云何火界
b	謂煖性 (uṣṇatvam* |)[41]	謂溫暖[42]	謂熱暖[43]性
2.1.2.4a	風界云何 (vāyudhātuḥ katamaḥ |)[44]	云何風界	云何風界
b	謂輕等動性 (laghusamudīraṇatvam* |)[44]	謂飄動[45]	謂輕動性
2.2.2.1a	眼根云何 (cakṣurindriyaṃ katamat* |)[46]	云何眼根	云何眼根

---

[36] PSk A1.1.1†; AS-vy(L) 6 r6 *pṛtivīdhātuḥ katamaḥ* | *khakkhaṭatvam**; Abhidh-k-bh(P) 8.19 *kharaḥ pṛthivīdhātuḥ*; MuPSk 49 r1 *pṛthvī kharatvaṃ kakkhaṭatvaṃ kaṭhinatā dhāraṇakarmā*; cf. also Mvy 1838, 1842.

[37] Prak$_{G}$ (chap. IV) 635 a1, (VI) 652 a22 謂堅相.

[38] PSk A1.1.2†; AS-vy(L) 6 r6 *abdhātuḥ katamaḥ* | *snehaḥ* (AS-vy(L) *dravatvaṃ*); Abhidh-k-bh(P) 8.19 *sneho 'bdhātuḥ*; 53.9 *kaś cid eva ... kaṭhina ... kaś cid eva drava uṣṇo vā samudīraṇo vā*; MuPSk 49 r1 *abdhātur dravatvaṃ snehatā saṃgrahakarmā*; cf. also Mvy 1839, 1843.

[39] Prak$_{G}$ (chap. VI) 652 a22 謂濕相.

[40] Wrongly for 濕?

[41] PSk A1.1.3†; AS-vy(L) 6 r6 *tejodhātuḥ katamaḥ* | *uṣmā* (AS-vy(L) *uṣṇatvaṃ*); Abhidh-k-bh(P) 8.19 *uṣṇatā tejodhātuḥ*; MuPSk 49 r1 *teja uṣṇatvaṃ paktiśoṣaṇakarmā*; cf. also Mvy 1840, 1844.

[42] Prak$_{G}$ (chap. VI) 652 a23 謂熱相.

[43] P.Chin. 2073 熱暖.

[44] Abhidh-k-bh(P) 8.20 *īraṇā vāyudhātuḥ*; 20 f. (= Abhidh-k-bh(Pā) [8]) *vāyudhātuḥ katamo laghusamudīraṇatvam iti Prakaraṇeṣu nirddiṣṭaṃ sūtre ca*; PSk A1.1.4†; AS-vy(L) 6 r6 *vāyudhātuḥ katamaḥ* | *laghusamudīraṇatvam** (AS-vy(L) °*aṃ*); MuPSk 49 r1 *vāyur laghutvam īraṇatvaṃ vṛddhiprasarpaṇakarmā*; cf. Prak(Im) 15 f.; cf. also Mvy 1841, 1845.

[45] Prak$_{G}$ (chap. VI) 652 a23 謂輕動相.

[46] Abhidh-k-bh(P) 6.5 f. (= Abhidh-k-bh(Pā) [4]) *Prakaraṇagrantho 'py anuvṛtto bhavati* | *ca-*

<table>
<tr><th></th><th>Prak$_H$</th><th>Prak$_G$</th><th>PV$_F$</th></tr>
<tr><td>b</td><td>謂眼識所依淨色</td><td>謂眼識所依淨色</td><td>謂眼識依清淨色</td></tr>
<tr><td></td><td colspan="3">(cakṣurvijñānasaṃniśrayo rūpaprasādaḥ |)[46]</td></tr>
<tr><td>2.2.2.2a</td><td>耳根云何</td><td>云何耳根</td><td>云何耳根</td></tr>
<tr><td></td><td colspan="3">(śrotrendriyaṃ katamat* |)[47]</td></tr>
<tr><td>b</td><td>謂耳識所依淨色</td><td>謂耳識所依淨色</td><td>謂耳識依清淨色</td></tr>
<tr><td></td><td colspan="3">(śrotravijñānasaṃniśrayo rūpaprasādaḥ |)[47]</td></tr>
<tr><td>2.2.2.3a</td><td>鼻根云何</td><td>云何鼻根</td><td>云何鼻根</td></tr>
<tr><td></td><td colspan="3">(ghrāṇendriyaṃ ka)(5.1)tamat*[48]</td></tr>
<tr><td>b</td><td>謂鼻識所依淨色</td><td>謂鼻識所依淨色</td><td>謂鼻識[49]依清淨色</td></tr>
<tr><td></td><td colspan="3">ghrāṇ(a)v(i)jñ(ānasaṃniśrayo rūpap)r(asāda)ḥ[48]</td></tr>
<tr><td>2.2.2.4a</td><td>舌根云何</td><td>云何舌根</td><td>云何舌根</td></tr>
<tr><td></td><td colspan="3">j(i)hv(e)ndr(iyaṃ katamat* |)[50]</td></tr>
<tr><td>b</td><td>謂舌識所依淨色</td><td>謂舌識所依淨色</td><td>謂舌識依清淨色</td></tr>
<tr><td></td><td colspan="3">(jihvāvijñānasaṃniśrayo rūpaprasādaḥ |)[50]</td></tr>
<tr><td>2.2.2.5a</td><td>身根云何</td><td>云何身根</td><td>云何身根</td></tr>
<tr><td></td><td colspan="3">(kāyendriyaṃ katamat* |)[51]</td></tr>
</table>

---

kṣuḥ katamat | cakṣurvijñānāśrayo rūpaprasāda iti vistaraḥ* (Abhidh-k-bh$_H$ 2 b19 ff. 如是便順品類足論。如彼論說。云何眼根。眼識所依淨色爲性。如是廣說; Abhidh-k-bh$_P$ 163 a13 f. 則順分別道理論。彼論云。何者爲眼根。謂眼識依止清淨色); ArthavSū(Pā) [3] *cakṣuḥ katamam* | cakṣurvijñānāśrayo rūpaprasādaḥ*; YBh(Bh) 4.9 f. *cakṣuḥ katamat* | ... cakṣurvijñānasaṃniśrayo rūpaprasādo*; AS-vy(L) 6 v1 f. *cakṣurindriyaṃ katamat* | ... cakṣuḥvijñānasanniśrayo rūpaprasādaḥ*; PSk A1.2.1† *cakṣurinsriyaṃ katamat* | varṇaviṣayo rūpaprasādaḥ*; cf. Prak(Im) 15. Cf. further Abhidh-k-bh(H) 8; BauddhaK I 1 ff.; II 185 f.; IV 2 ff.; V 53 f.

[47] YBh(Bh) 6.7 f. *śrotraṃ katamat* | ... śrotravijñānasanniśrayo rūpaprasādo*; AS-vy(L) 6 v2 *śrotrendriyaṃ katamat* | ... śrotravijñānasanniśrayo rūpaprasādaḥ*; PSk A1.2.2† *śrotrendriyaṃ katamat* | śabdaviśayo rūpaprasādaḥ*. Cf. further BauddhaK I 5 ff.; II 187 f.; IV 8 ff.; V 55.

[48] YBh(Bh) 7.8 f. *ghrāṇaṃ katamat* | ... ghrāṇavijñānasaṃniśrayo rūpaprasādo*; AS-vy(L) 6 v2 f. *ghrāṇendriyaṃ katamat* | ... ghrāṇavijñā(na)sanniśrayo rūpaprasādaḥ*; PSk A1.2.3† *ghrāṇendriyaṃ katamat* | gandhaviṣayo rūpaprasādaḥ*. Cf. further BauddhaK I 9 ff.; II 189 f.; IV 11 ff.; V 56.

[49] Ex coni. H&P (= P.Chin. 2116) 鼻根; P.Chin. 2073 id.

[50] YBh(Bh) 8.1 f. *jihvā katamā | ... jihvāvijñānasanniśrayo rūpaprasādo*; AS-vy(L) 6 v3 *jihvendriyaṃ katamat* | ... jihvāvijñānasanniśrayo rūpaprasādaḥ*; PSk A1.2.4† *jihvendriyaṃ katamat* | rasaviṣayo rūpaprasādaḥ*. Cf. further BauddhaK I 13 ff.; II 191 f.; IV 14 ff.; V 57.

[51] YBh(Bh) 8.16 f. *kāyaḥ katamaḥ | ... kāyavijñānasaṃniśrayo rūpaprasādo*; AS-vy(L) 6 v3 f. *kāyendriyaṃ katamat* | ... kāyavijñānasanniśrayo rūpaprasādaḥ*; PSk A1.2.5† *kāyendriyaṃ katamat* | spraṣṭavyaviṣayo rūpaprasādaḥ*. Cf. further BauddhaK I 17 ff.; II 193 f.; IV 17 ff.; V 58.

	Prak$_H$	**Prak$_G$**	**PV$_F$**
b	謂身識所依淨色	謂身識所依淨色	謂身識依清淨色
	(kāya)(5.2)vijñānasanniśrayo rūpapr(a)sādaḥ[51]		
2.2.2.6a	色云何	云何色	云何諸色
	rūpāṇi katamāni · [52]		
b	謂諸所有色。若好顯色。若惡顯色。若二中間。似顯處色	謂色。若好。若醜。若中間	謂諸好色及非好色。彼二中間所住諸色及顯色等
	yā(ni kāni cid rūpāni suvarṇāni vā durvarnāni vā tadubhayāntarasthāyīni vā va)(5.3)rṇ(a)nibhāni[52]		
c	如是諸色二識所識。謂眼識及意識。此中一類眼識先識。眼識受已。意識隨識	彼二識識。先眼識。後意識	最初一識眼識所知。眼識所受。意識能知。是故諸色眼識・意識二識了知
	yāni tatprathamata ekena vijñānena vijñeyāni · (cakṣurvijñānena) /// ... /// (manovijñānena vijñeyānīty api tāni rūpā)(5.4)ṇi (d)vābhyāṃ vijñānābhyāṃ vijñeyāni · cakṣurvijñā(nena manovijñānena ca |)[53]		
d	ø	是名爲色	ø
	(imāny ucyante rūpāṇi |)		
2.2.2.7a	聲云何	云何聲	云何諸聲
	(śabdāḥ katame |)[54]		
b	此有二〈種〉	聲有二種	聲有二種
	/// ... ///[55]		

---

[52] AS-vy(L) 6 v4 ff. *rūpaṃ katamat* ... tat punaḥ suvarṇṇaṃ durvvarṇṇan tadubhayāntarasthāyi* (ed. °*sthāpi* with note 44: "Read °*stham api*") *varṇṇanibhaṃ*; Ybh(Bb) 5.10 f. *punas tad eva suvarnṇaṃ vā durvarnṇaṃ vā tadubhayāntarasthāyi vā varṇnanibhaṃ*; YBh$_H$ 279 b17 ff. 又即此色復有三種。謂若好顯色。若惡顯色。若俱異顯色。似色顯現. Cf. further BauddhaK I 21 ff.; II 195 ff.; IV 20 ff.; V 59 ff.

[53] For the construction *yāni ... yāni ... ity api tāni* ... or *ye ... ye ... ity api te* ..., cf. e.g. SBV I 160.2 ff. *yat kiṃcid rūpam atītānāgatapratyutpannam ādhyātmikaṃ vā bāhyaṃ vā ... yad vā dūre yad vā antike tat sarvaṃ naitan mama ... yā kācid vedanā saṃjñā saṃskārā yat kiṃcid vijñānam atītānāgatapratyutpannam ādhyātmikaṃ vā bāhyaṃ vā ... yad vā dūre yad vā antike tat sarvaṃ naitan mama ...*

[54] AS-vy(L) 7 r2 f. *śabdaḥ katamaś ... upāttamahābhūtahetuko vā anupāttamahābhūtahetuko vā tadubhayo vā*; PSk A1.2.7† *śabdaḥ katamaḥ ... upāttānupāttobhayamahābhūtahetukaḥ*; YBh-(Bh) 6.14 f. *sa* (scil. *śabdaḥ*) *punar upāttamahābhūtahetuko 'nupāttamahābhūtahetuka upāttān-upāttamahābhūtahetukaś ca*; MuPSk 49 r4 *śabda upāttānupāttobhayamahābhūtahetuḥ*; cf. also Mvy 1892 f. Cf. further Abhidh-k-bh(H) 9 f.; BauddhaK I 24 ff.; II 199 ff.; IV 26 ff.; V 62 ff.

	Prak_{H}	Prak_{G}	PV_{F}
c	謂有執受大種爲因聲。及無執受大種爲因聲	謂因受四大起。因不受四大起	謂執受大種因所生。及非執受大種因所生
	(upāttamahābhūtahetukā anuppāta)(5.5)mahābhūtahetukāś ca[54]		
d	如是諸聲二識所識。謂耳識及意識。此中一類耳識先識。耳識受已。意識隨識	彼二識識。先耳識。後意識	最初一識耳識所知。耳識所受。意識能知。是故諸聲耳識・意識二識了知
	ye tatprathamata eke(na vijñānena vijñeyāḥ ǀ śrotravijñānena) /// ... /// (manovijñānena vijñeyāḥ ity api te śabdā dvābhyāṃ) (5.6) (v)ijñānābh(y)āṃ vij(ñ)eyā⟨ḥ⟩ śrotravij(ñ)ānena m(an)o(v)i(jñ)ā(nena ca ǀ)[53]		
e	ø	是名爲聲	ø
	(ima ucyante śabdāḥ ǀ)		
2.2.2.8a	香云何	云何香	云何諸香
	(gandhāḥ katame ǀ)[56]		
b	謂諸所有香。若好香。若惡香。若平等香鼻所嗅	謂香。若好。若惡。若中間	謂好香。惡香。平等了香
	(ye ke cid gandhāḥ sugandhā vā durgandhā vā samagandhā vā ǀ)[56]		
c	如是諸香二識所識。謂鼻識及意識。此中一類鼻識先識。鼻識受已。意識隨識	彼二識識。先鼻識。後意識	最初一識鼻識所知。鼻識所受。意識能知。是故諸香鼻識・意識二識了知
	(ye ta)(6.1)(t)pr(a)tham(a)t(a) ek(e)na v(i)jñān(e)n(a) v(i)jñey(āḥ ǀ gh)r(āṇavijñānena) /// ... /// (manovijñānena vijñeyāḥ ity api te gandhā dvābhyāṃ vijñānā)(6.2)(bhy)ā(ṃ) vijñeyā ghrāṇavijñānena manovijñānena c(a ǀ)[53]		
d	ø	是名爲香	ø
	(ima ucyante gandhāḥ ǀ)		
2.2.2.9a	味云何	云何味	云何諸味
	(rasāḥ katame ǀ)[57]		

[55] Cf. SHT 1925 vb *dvividha eva śabdaḥ upāttānupātta[bhūt](ahetuk).* ///.

[56] Abhidh-k-bh(P) 7.5 f. *caturvidho gandhaḥ sugandhadurgandhayoḥ samaviṣamagandhatvāt** ǀ *trividhas tu śāstre sugandho durgandhaḥ samagandha iti*; PSk A1.2.8† *gandhaḥ katamaḥ ... sugandho durgandhas tadanyaś ca*; YBh(Bh) 7.11 f. *gandhā ... sugandhā vā durgandhā vā samagandhā vā*; AS-vy(L) 7 v1 *gandhaḥ katamaḥ ... sugandho vā durgandho vā sahajo vā sāṃyogiko vā pāriṇāmiko vā*; Mvy 1894–1897 *sugandhaḥ, durgandhaḥ, samagandhaḥ, viṣamagandhaḥ*; cf. Prak(Im) 16. Cf. further Abhidh-k-bh(H) 10 f.; BauddhaK I 28 f.; II 203 ff.; IV 32 ff.; V 65 f.

	PrakH	PrakG	PVF
b	謂諸所有味。若可意。若不可意。若順捨處舌所嘗	謂味若可喜。若不可喜。若中間	謂可意及非可意。平等甞味
	(ye ke cid rasā mānāpikā vāmānāpikā vopekṣāsthānīyā vā svādanīyāḥ |)[57]		
c	如是諸味二識所識。謂舌識及意識。此中一類舌識先識。舌識受已。意識隨識	彼二識識。先舌識。後意識	最初一識舌識所知。舌識所受。意識能知。是故諸味舌識・意識二識了知
	(ye tatpra)(6.3)thamata ekena vijñānena vijñeyāḥ jihvāvi(jñanena) /// ... /// (manovijñānena vijñeyāḥ ity api te) (6.4) r(a)sā dvābhyā(ṃ) vijñānābhyāṃ vijñeyā jihvāvijñānena manovijñā(nena ca |)[53]		
d	ø	是名爲味	ø
	(ima ucyante rasāḥ |)		
2.2.2.10a	所觸一分云何	云何觸入少分	云何所觸一分
	(spraṣṭavyaikadeśaḥ katamaḥ |)[58]		
b	謂滑性。澁性。輕性。重性。冷・飢・渴性。身所觸	謂澁・滑・輕・重・冷・飢・渴	謂滑性。澁性。輕性。重性。冷・飢・渴等
	(ślakṣṇatvaṃ karkaśatvaṃ[59] la)(6.5)ghutvaṃ gurutvaṃ śītaṃ jighat(sā) pipāsā ·[58]		
c	如是諸觸及四大種二識所識。謂身識及意識。此中一類身識先識。身識受已。意識隨識	彼二識識。先身識。後意識	最初一識身識所知。身識所受。意識能知。是故諸觸一分身識・意識二識了知
	sa tatprathamata e(kena vijñānena vijñeyaḥ | kāyavijñanena) /// ... /// (manovijñānena) (6.6) vijñeyaḥ ity a(p)i (sa spraṣṭavyaikadeś)o (dv)ābhyāṃ vij(ñ)ānābh(yā)ṃ (vijñeyaḥ kāyavijñānena manovijñānena ca |)		
d	ø	是名觸入少分	ø
	(ayam ucyate spraṣṭavyaikadeśaḥ |)		
2.2.2.11a	無表色云何	云何無作色	何等名爲諸無表色[60]

[57] YBh(Bh) 8.4 ff. *te* (scil. *rasāḥ*) *punas ... mānāpikā vāmānāpikā vopekṣāsthānīyāḥ svādanīyāḥ*; AS-vy(L) 7 v2 f. *rasaḥ katamaḥ ... manaāpiko vā* | *amanaāpi vā* | *tadubhayavinirmukto vā sahājo vā sāṃyogiko vā pāriṇāmiko vā*. Cf. further BauddhaK I 30 f.; II 206 ff.; V 67 f.

[58] PSk A1.2.10 *spraṣṭavyaikadeśaḥ katamaḥ* | *... ślakṣṇatvaṃ karkaśatvaṃ gurutvaṃ laghutvaṃ śītaṃ jighatsā pipāsā ca*; AS-vy(L) 7 v4 f. *spraṣṭavyaikadeśaḥ katamaḥ* | *... ślakṣṇatvaṃ karkkasatvaṃ gurutvaṃ laghutvaṃ mṛdutvaṃ ślathāślathatvaṃ śītaṃ jighatsā pipāśā*; YBh(Bh) 8.19 f. *spraṣṭavyam ... laghutvaṃ gurutvaṃ ślakṣṇatvaṃ karkaśatvaṃ śītaṃ jighatsā pipāsā*. Cf. further Abhidh-k-bh(H) 11; BauddhaK I 32 f.; II 210 ff.; V 69 f.

[59] According to Prak$_G$ (*karkaśatvaṃ ślakṣṇatvaṃ*).

[60] Instead of 名爲無表色.

		PrakH	PrakG	PVF
		(*not preserved*)[61]		
	b	謂法處所攝色[62]。此及五色根。於一切時。一識所識。謂意識	謂法入所攝色。彼一識識。謂意識	謂法處所攝色。於一切時。唯一意識之所了知[63]
		(*no parallel*)		
	c	ø	是名無作色	ø
		(*not preserved*)[61]		
II.ii(B)	4.1a	眼識云何	云何眼識	云何眼識
		(*not preserved*)[64]		
	b	謂依眼根。各了別色[65]	謂依眼根行於色[66]	依於眼根。各別了色
		(*not preserved*)[64]		
	4.2a	耳識云何	云何耳識	云何耳識
		(*not preserved*)[67]		
	b	謂依耳根。各了別聲[65]	謂依耳根行於聲[66]	依於耳根。各別了聲
		(*not preserved*)[67]		
	4.3a	鼻識云何	云何鼻識	云何鼻識
		(*not preserved*)[68]		

---

[61] PSk A1.2.11 *avijñaptiḥ katamā* | *vijñaptisamādhijaṃ rūpam anidarśanam apratigham**; MuPSk 5 r3 f. *yad rūpaṃ dharmāyatanasaṃgṛhītam anidarśanam apratighaṃ manovijñāna-mātravijñeyaṃ saṃvarāsaṃvaramadhyasthānāṃ kuśalākuśalobhayapravāharūpaṃ sāvijñaptiḥ.* Cf. further BauddhaK I 34 ff.; IV 45 ff.

[62] YBh_H 323 a13 f. 四大種所造色云何。謂十色處及法處所攝色; ŚrBh(T) I 236 2 f. *daśa rū-pīṇy āyatanāni yac ca dharmāyatanaparyāpannaṃ rūpaṃ.*

[63] T 所了知知. H&P 所了知 (= P.Chin. 2116; P.Chin. 2073 id.).

[64] AS(G) 19.18; AS(P) 12.7 f.; AS-vy(L) 23 v1 *cakṣurvijñānaṃ katamat** | *cakṣurāśrayā rū-pālambanā prativijñaptiḥ*; YBh(Bh) 4.5 *cakṣurvijñānaṃ katamat** | *yā cakṣurāśrayā rūpaprati-vijñaptiḥ*. Cf. further BauddhaK II 2 f.; V 2.

[65] $Prak_H$ (chap. IV) 701 a3 ff. 眼識云何。謂眼及色爲緣生眼識 ... 耳鼻舌身意識亦爾; DhK_H 615 c4 ff. 眼識云何。謂眼及色爲緣所生眼識 ... 耳鼻舌身意識云何。謂意及法爲緣所生意識.

[66] $Prak_G$ (chap. IV) 635 b28 ff. 云何眼識。謂眼緣色起眼識 ... 乃至意識是亦如.

[67] AS(G) 19.18 f.; AS(P) 12.8 f.; AS-vy(L) 23 v2 *śrotravijñānaṃ katamat** | *śrotrāśrayā śab-dālambanā prativijñaptiḥ*. YBh(Bh) 6.4 *śrotravijñānaṃ katamat** | *yā śrotrāśrayā śabda-prativijñaptiḥ*. Cf. further BauddhaK II 4 f.; V 3.

[68] AS(G) 19.19; AS(P) 12.9 f.; AS-vy(L) 23 v2 f. *ghrāṇavijñānaṃ katamat** | *ghrāṇāśrayā gandhālambanā prativijñaptiḥ*. YBh(Bh) 7.5 *ghrāṇavijñānaṃ katamat** | *yā ghrāṇāśrayā gandha-prativijñaptiḥ*. Cf. further BauddhaK II 6 f.; V 4.

	Prak$_H$	Prak$_G$	PV$_F$
b	謂依鼻根。各了別香[65]	謂依鼻根行於香[66]	依於鼻根。各別了香
	(*not preserved*)[68]		
4.4a	舌識云何	云何舌識	云何舌識
	(*not preserved*)[69]		
b	謂依舌根。各了別味[65]	謂依舌根行於味[66]	依於舌根。各別了味
	(*not preserved*)[69]		
4.5a	身識云何	云何身識	云何身識
	(*not preserved*)[70]		
b	謂依身根。各了別所觸[65]	謂依身根行於觸[66]	依於身根。各別了觸
	(*not preserved*)[70]		
4.6a	意識云何	云何意識	云何意識
	(*not preserved*)[71]		
b	謂依意根了別諸法[65]	謂依意根行於法[66]	依於意根。各別了法
	(*not preserved*)[71]		
II.iii(B) 4.1.1a	受云何	云何受	云何爲受
	(*not preserved*)[72]		
b	謂領納性[73]	ø[74]	謂領納性

[69] AS(G) 19.20†; AS(P) 12.10†; AS-vy(L) 23 v3 *jihvāvijñānaṃ katamat** | *jihvāśrayā rasālambanā prativijñaptiḥ*. YBh(Bh) 7.21 *jihvāvijñānaṃ katamat** | *yā jihvāśrayā rasaprativijñaptiḥ*. Cf. further BauddhaK II 8 f.; V 5.

[70] AS(G) 19.20 f.†; AS(P) 12.11†; AS-vy(L) 23 v3 *kāyavijñānaṃ katamat** | *kāyāśrayā spraṣṭavyālambanā prativijñaptiḥ*. YBh(Bh) 8.13 *kāyavijñānaṃ katamat** | *yā kāyāśrayā spraṣṭavyaprativijñaptiḥ*. Cf. further BauddhaK II 10 f.; V 6.

[71] AS(G) 19.21†; AS(P) 12.11 f.†; AS-vy(L) 23 v3 f. *manovijñānaṃ katamat** | *manaāśrayā dharmmālambanā prativijñaptiḥ*. Cf. further BauddhaK II 12 f.

[72] NidSa § 16.10 *tisro vedanāḥ* | *sukhā vedanā duḥkhā aduḥkhāsukhā ca* (cf. Abhidh-k-bh(P) 331.8 f. *tisra ime vedanā uktā bhagavatā sukhā duḥkhāduḥkhāsukhā ca*); PSk A2 *vedanā katamā* | *trividho 'nubhavaḥ sukho duḥkho 'duḥkhāsukhaś ca*; Abhidh-k-bh(P) 54.19 f. *vedanā trividho 'nubhavaḥ* | *sukho duḥkho 'duḥkhāsukhaś ca*; MuPSk 50 r1 *vedanā ... tridhā sukhā duḥkhāduḥkhāsukhā ca*; Tvbh 56.13 ff. *vedanā anubhavasvabhāvā* | *sā ... tridhā bhavati* | *sukhā* | *duḥkhā* | *aduḥkhāsukhā ca*; 58.3 *vedanā trividhā sukhā duḥkhā aduḥkhāsukhā ca*. Cf. further Abhidh-k-bh(H) 12; BauddhaK I 51 f.; II 30 ff.; IV 62 ff.; V 16 f.

[73] Prak$_H$ (chap. IV) 699 c9 謂受・等受・各別等受。已受・受類; DhK$_H$ 614 c11 謂受・等受・各等受。已受・當受。受所攝.

[74] Prak$_G$ (chap. IV) 635 a4 謂受覺知痛等。苦・樂・俱非。三境界轉.

	Prak$_{H}$	Prak$_{G}$	PV$_{F}$
	(not preserved)[72]		
c	此有三種	有三受	此復三種
	(not preserved)[72]		
d	謂樂受。苦受。不苦不樂受	謂苦受。樂受。不苦不樂受	謂苦・樂・不苦不樂
	(not preserved)[72]		
4.1.2a	想云何	云何想	云何爲相[75]
	(not preserved)[76]		
b	謂取像性[77]	ø[78]	謂遍知性
	(not preserved)[76]		
c	此有三種	有三想	此復三種
	(not preserved)[76]		
d	謂小想。大想。無量想	謂少想。多想。無量想	小・大・無量[79]
	(not preserved)[76]		
4.1.3a	思云何	云何思	云何爲思
	(not preserved)[80]		
b	謂心造作性。即是意業[81]	心所造作[82]	謂心造行。意所作業

---

[75] P.Chin. 2073 想.

[76] PSk A3 *saṃjñā katamā* | *viṣayanimittodgrahaṇam** | ⟨*tat trividham** – *parīttaṃ mahadgatam apramāṇaṃ ca*⟩ (PSk$_{D}$ 851 b20 云何想蘊。謂能增勝。取諸境相; PSk$_{H}$ 848 b29 云何想蘊。謂於境界。取種種相); Tvbh 56.26 *saṃjñā viṣayanimittodgrahaṇam*; Abhidh-k-bh(P) 10.15 *saṃjñā nimittodgrahaṇātmikā*; 54.20 f. *saṃjñā saṃjñānaṃ viṣayanimittodgrahaḥ* (Ms °*nimittot*grahaḥ*); MuPSk 50 r4 *nimittodgrahaṇātmikā saṃjñety ucyate*; ŚrBh(T) II 108.12 f. *saṃjñāskandhaḥ katamaḥ* | *tadyathā ... parīttasaṃjñā, mahadgatasaṃjñā, apramāṇasaṃjñā* ... Cf. further Abhidh-k-bh(H) 13; BauddhaK I 53 f.; II 34 ff.; IV 74 ff.; V 18 f.

[77] Prak$_{H}$ (chap. IV) 699 c9 謂想・等想・增上等想。已想・想類; DhK$_{H}$ 614 c12 謂想・等想・現想・已想・當想.

[78] Prak$_{G}$ (chap. IV) 635 a5 謂想・等想・增上想。於像貌轉.

[79] P.Chin. 2073 and 2116 无.

[80] MuPSk 50 v4 *cetanā cittābhisaṃskāro manaskarma* | ... *sā ca tridhā kuśalākuśalāvyākṛtā*; Abhidh-k-bh(P) 54.20; AS(G) 15.37; AS(P) 5.23 f.; AS-vy(L) 10 r1; PSk A4.1.5 *cetanā katamā* | [...] *cittābhisaṃskāro manaskarma* (AS-vy(L) °*rmma*); Tvbh 58.1 *cetanā cittābhisaṃskāro manasaś ceṣṭā*. Cf. further Abhidh-k-bh(H) 13; BauddhaK I 55 f.; II 37 ff.; IV 82 ff.; V 20 f.

[81] Prak$_{H}$ (chap. IV) 699 c10 f. 謂思・等思・增上等思。已思・思類。心作意業; DhK$_{H}$ 614 c13 f. 謂思・等思。現思・已思・當思。思所攝。造心意.

[82] Prak$_{G}$ (chap. IV) 635 a6 謂思・等思・增上思。思起心行於業.

	Prak$_{H}$	Prak$_{G}$	PV$_{F}$
	(not preserved)[80]		
c	此有三種	三種業生	此復三種
	(not preserved)[80]		
d	謂善思。不善思。無記思	謂善・不善・無記	謂善・不善。及以無記
	(not preserved)[80]		
4.1.4a	觸云何	云何觸	云何爲觸
	(not preserved)[83]		
b	謂三和合性[84]	謂三事和合[85]	謂三和合
	(not preserved)[83]		
c	此有三種	生三種觸	此復三種
	(not preserved)[83]		
d	謂順樂受觸。順苦受觸。順不苦不樂受觸	謂苦觸。樂觸。不苦不樂觸	受樂。受苦。及受不苦不樂
	(not preserved)[83]		
4.1.5a	作意云何	云何憶	云何作意
	(not preserved)[86]		
b	謂心警覺性[87]	謂心發悟[88]	謂心所轉
	(not preserved)[86]		

[83] Dhsk(D) 9 r7 *trayāṇāṃ sannipātāt* sparśaḥ sukhavedanīyo duḥkhavedanīyo 'duḥkhāsukhavedanīyaḥ*; AS(G) 15.38 f.; AS(P) 6.3; AS-vy(L) 10 r3 f. *sparśaḥ katamaḥ* | *trikasaṃnipāta* (Mss °*saṃnipāte*, °*sannipāta*) *indriyavikāraparicchedaḥ* (AS-vy(L) °*o*); MuPKs 51 r1 *indriyaviṣayavijñānānāṃ sannipātaḥ sparśaḥ* | *indriyaviṣayavijñānānāṃ sannipāte sati yaḥ sukhādivedanotpattyanukūlasyendriyavikārasya paricchedakaḥ sādṛśyamātreṇa sa sukhādivedanājanakaś caitasikaḥ sparśa ity ucyate*; AS$_{H}$ 664 a26 f. 謂依三和合。諸根變異分別爲體); Tvbh 54.14 *sparśas trikasaṃnipāte indriyavikāraparicchedaḥ*; PSk A4.1.1 *sparśaḥ katamaḥ* | *trikasamavāye paricchedaḥ* (PSk$_{D}$ 851 c8; PSk$_{H}$ 848 c12 謂三和合分別爲性); Abhidh-k-bh(P) 54.22 *sparśa indriyaviṣayavijñānasannipātajā spṛṣṭiḥ*. Cf. further Abhidh-k-bh(H) 13; BauddhaK I 59 f.; II 27 ff.; IV 91 ff.; V 14 f.

[84] Prak$_{H}$ (chap. IV) 699 c11 f. 謂觸・等觸。觸性・等觸性。已觸・觸類; DhK$_{H}$ 614 c14 f. 謂觸・等觸。現觸・已觸・當觸.

[85] Prak$_{G}$ (chap. IV) 635 a7 謂觸・等觸・增上觸。依緣心和合轉.

[86] AS(G) 15.38; AS(P) 6.2; AS-vy(L) 10 r2 f.; PSk A4.1.2; YBh(Bh) 60.1 *manaskāraḥ katamaḥ* | *cetasa ābhogaḥ*; Abhidh-k-bh(P) 54.22; Tvbh 56.8 *manaskāraś cetasa ābhogaḥ*. Cf. further Abhidh-k-bh(H) 14; BauddhaK I 65 f.; II 24 ff.; IV 103 ff.; V 12 f.

[87] Prak$_{H}$ (chap. IV) 699 c13 f. 謂牽引心。隨順牽引。思惟牽引。作意・造意。轉變心・警覺心; DhK$_{H}$ 614 c15 f. 謂心引・於隨引・等隨引。現作意・已作意・當作意。警覺心.

[88] Prak$_{G}$ (chap. IV) 635 a7 f. 謂心發悟。憶念・思惟・心行境界.

	Prak$_{H}$	**Prak$_{G}$**	**PV$_{F}$**
c	此有三種	有三種	此復三種
	(*no parallel*)		
d	謂學作意。無學作意。非學非無學作意	學。無學。非學非無學	謂學。無學。非學非無[89]學
	(*no parallel*)[90]		
4.1.6a	欲云何	云何欲	云何爲欲
	(*not preserved*)[91]		
b	謂樂作性[92]	謂心欲作[93]	謂樂作性
	(*not preserved*)[91]		
4.1.7a	勝解云何	云何解脱	云何勝解
	(*not preserved*)[94]		
b	謂心正勝解。已勝解。當勝解性[95]	謂心解。已解。當解[96]	謂心所樂。樂性。樂作[97]
	(*not preserved*)[94]		
4.1.8a	(*see* 4.1.13a, *below*)	(*see* 4.1.13a, *below*)	云何爲信
b	(*see* 4.1.13b, *below*)	(*see* 4.1.13b, *below*)	謂心極淨

[89] P.Chin. 2073 and 2116 无.

[90] Cf. SamBh 157.20 ff. *catvāriṃśan manaskārāḥ katame? dharmamanasikāraḥ ... tattvamanaskāraḥ śaikṣaḥ aśaikṣaḥ naiva śaikṣo nāśaikṣaḥ parijñāmanasikāraḥ ...*

[91] AS(G) 16.1 f.; AS(P) 6.4; AS-vy(L) 10 r5 *chandaḥ katamaḥ* | *īpsite vastuni ... kartukāmatā* (AS-vy(L) *karttu*°; AS(P) *karttṛ*° versus Ms *kartu*°); Abhidh-k-bh(P) 54.21 *cchandaḥ kartukāmatā* (ed. *karttṛ*° versus Ms *kartu*°); MuPSk 51 r3 *cchandaḥ kartukāmatā vijñānasya*; PSk A4.1.6 *chandaḥ katamaḥ* | *abhiprete vastuny abhilāṣaḥ* (PSk$_{D}$ 848 c14 f. 謂於可愛事希望爲性; PSk$_{H}$ 851 c17 謂於可愛樂事希望爲性); Tvbh 72.14 *chando 'bhiprete vastuny abhilāṣaḥ*. Cf. further Abhidh-k-bh(H) 13; BauddhaK I 57 f.; II 41 ff.; IV 86 ff.; V 22 f.

[92] Prak$_{H}$ (chap. IV) 699 c14 f. 謂欲欲性 (v.l. 謂欲性)。增上欲性。現前。欣喜。希望。樂作; DhK$_{H}$ 614 c17 f. 謂欲能欲性。現欲性。喜樂性。趣向性。希欲性。欣求性。欲有所作性.

[93] Prak$_{G}$ (chap. IV) 635 a8 f. 謂欲於縁堅持深著。爲作欲樂.

[94] AS(G) 16.2 f.; AS(P) 6.5 f.; AS-vy(L) 10 r6 *adhimokṣaḥ katamaḥ* | *niścite vastuni yathāniścayaṃ* (AS-vy(L) °*an*) *dhāraṇā* (AS$_{H}$ 664 a29 f. 謂於決定事隨所決定印持爲體); PSk A4.1.7 *adhimokṣaḥ katamaḥ* | *niścite vastuni tathaivāvadhāraṇam** (PSk$_{D}$ 848 c15 f. 謂於決定事即如所了印可爲性; PSk$_{H}$ 851 c20 謂於決定境如所了知印可爲性); Tvbh 72.19 *adhimokṣo niścite vastuni tathaivāvadhāraṇam*; Abhidh-k-bh(P) 54.23 *adhimokṣo 'dhimuktiḥ*. Cf. further Abhidh-k-bh(H) 14; BauddhaK I 67 f. II 44 ff.; IV 107 ff.; V 24 f.

[95] DhK$_{H}$ 614 c19 謂心勝解性。已勝解。當勝解.

[96] Prak$_{G}$ 635 a9 f. 謂心解脱。意於縁解.

[97] Supposedly an inadvertent repetition of II.iii 4.1.6b.

	Prak$_{H}$	**Prak$_{G}$**	**PV$_{F}$**
4.1.9a	(*see* 4.1.14a, *below*)	(*see* 4.1.14a, *below*)	云何精進
b	(*see* 4.1.14b, *below*)	(*see* 4.1.14b, *below*)	謂心欣樂
4.1.10a	念云何	云何念	云何爲念
	(*not preserved*)[98]		
b	謂心明記性[99]	謂心不忘[100]	〈謂〉心明記性
	(*not preserved*)[98]		
4.1.11a	定云何	云何定	云何爲定
	(*not preserved*)[101]		
b	謂心一境性[102]	謂一心[103]	〈謂〉心一境性
	(*not preserved*)[101]		
4.1.12a	慧云何	云何慧	云何爲慧
	(*not preserved*)[104]		
b	謂心擇法性[105]	謂於法決斷[106]	謂決擇法

[98] AS(G) 16.3 f.; AS(P) 6.6 f.; AS-vy(L) 10 v1 *smṛtiḥ katamā* | ... *cetaso 'sampramoṣaḥ* | *avikṣepakarmikā*; PSk A4.1.8 *smṛtiḥ katamā* | ... *asaṃpramoṣaś cetaso 'bhilapanatā*; Tvbh 74.1 *smṛtiḥ ... asaṃpramoṣaś cetaso 'bhilapanatā*; Abhidh-k-bh(P) 54.22 *smṛtir ālambanāsaṃpramoṣaḥ*; MuPSk 51 v1 *cittasyāpramoṣaś cittābhilapanaṃ sā smṛtiḥ*. Cf. further Abhidh-k-bh(H) 13 f.; BauddhaK I 63 f.; II 47 ff.; IV 100 ff.; V 26 f.

[99] Prak$_{H}$ (chap. IV) 699 c17 f. 謂念・隨念・別念・憶念。不忘・不失・不遺・不漏・不忘法性。心明記性; DhK$_{H}$ 614 c20 ff. 謂念・隨念・別念・憶念。憶念性。不忘性。不忘法不失性。不失法不忘失性。心明記.

[100] Prak$_{G}$ (chap. IV) 635 a10 f. 謂念・隨念。不捨。於緣不廢亂忘.

[101] AS(G) 16.4; AS(P) 6.7 f.; AS-vy(L) 10 v2; PSk A4.1.9 *samādhiḥ katamaḥ* | ... *cittasyaikāgratā*; Abhidh-k-bh(P) 54.23 *samādhiś cittasyaikāgratā*; Tvbh 74.7 *samādhir ... cittasyaikāgratā*; MuPSk 51 v1 *samādhiś cittaikāgratā*. Cf. further Abhidh-k-bh(H) 14; BauddhaK I 69 f.; II 50 ff.; IV 111 ff.; V 28 f.

[102] Prak$_{H}$ (chap. IV) 699 c18 ff. 定云何。謂令心住・等住・安住・近住・堅住。不亂・不散。攝止・等持。心一境性; DhK$_{H}$ 614 c22 f. 三摩地云何。謂心住・等住・現住・近住。不亂・不散。攝持・寂止・等持。心一境性.

[103] Prak$_{G}$ (chap. IV) 635 a11 f. 云何定。謂心等住。不動移境。不散・不亂。攝受止一.

[104] AS(G) 16.5; AS(P) 6.8 f.; AS-vy(L) 10 v3 *prajñā katamā* | ... *dharmāṇām* (AS-vy(L) °*rmm*°) *pravicayaḥ*; MuPSk 51 v1 *prajñā dharmāṇāṃ pravicayaḥ*; Abhidh-k-bh(P) 2.4 *prajñā dharmapravicayaḥ*; PSk A4.1.10 *prajñā katamā* | *tatraiva pravicayo* ... Cf. further Abhidh-k-bh(H) 13; BauddhaK I 61 f.; II 53 ff.; IV 96 ff.; V 30 ff.

[105] Prak$_{H}$ (chap. IV) 699 c20 ff. 謂於法簡擇・極簡擇・最極簡擇。解了・等了・遍了・近了。機黠通達。審察聰叡。覺明慧行。毘鉢舍那; DhK$_{H}$ 614 c24 ff. 謂於法簡擇。最極簡擇。極簡擇。法了相。近了相。等了相。聰叡通達。審察決擇。覺明慧行。毘鉢舍那.

[106] Prak$_{G}$ (chap. IV) 635 a12 f. 謂心於法。起選 (ed. 撰) 擇相。決斷。覺知。照了。觀察.

	$\textbf{Prak}_H$	$\textbf{Prak}_G$	$\textbf{PV}_F$
	(not preserved)[104]		
4.1.13a	信云何	云何信	*(see* 4.1.8a, *above)*
	(not preserved)[107]		
b	謂心澄淨性[108]	謂心淨	*(see* 4.1.8b, *above)*
	(not preserved)[107]		
4.1.14a	勤云何	云何精進	*(see* 4.1.9a, *above)*
	(not preserved)[109]		
b	謂心勇悍性[110]	謂心堪能勇猛	*(see* 4.1.9b, *above)*
	(not preserved)[109]		
4.1.15a	尋云何	云何覺	云何爲尋
	(not preserved)[111]		
b	謂心麁動性[112]	謂心麁[113]	〈謂〉心麁[114]爲性
	(not preserved)[111]		
4.1.16a	伺云何	云何觀	云何爲伺
	(not preserved)[115]		

[107] AS(G) 16.7; AS(P) 6.9 ff.; AS-vy(L) 10 v4 f. *śraddhā katamā* | ... *abhisaṃpratyayaḥ prasādo 'bhilāṣaḥ*; Tvbh 76.6 f. *śraddhā ... abhisaṃpratyayaḥ prasādaś cetaso 'bhilāṣaḥ*; PSk A4.1.11 *śraddhā katamā* | ... *abhisaṃpratyayaś cetasaḥ prasādaḥ*; Abhidh-k-bh(P) 55.6 *śraddhā cetasaḥ prasādaḥ*. Cf. further Abhidh-k-bh(H) 14; BauddhaK I 71 f.; II 56 ff.; IV 114 ff.

[108] $Prak_H$ (chap. IV) 700 a7 f. 謂信性 (v.l. 信・信性)・增上信性。忍可。欲作・欲爲・欲造。心澄淨性.

[109] AS(G) 16.12 f.; AS(P) 6.17; AS-vy(L) 11 r3; PSk A4.1.17. *vīryaṃ katamat** | [...] *kuśale* (AS-vy(L) om.) *cetaso 'bhyutsāhaḥ*; Abhidh-k-bh(P) 55.23; Tvbh 78.13 *vīryaṃ* [...] *cetaso 'bhyutsāhaḥ*; MuPSk 51 v1 *vīryaṃ kuśalābhyutsāhaḥ*; PSk_D 852 b4 云何精進 ... 善品現前勤勇爲性; PSk_H 848 c28 云何精進 ... 心於善品勇悍爲性; Abhidh-k-vy 130.11 ff. *cetaso 'bhyutsāha iti. kuśalakriyāyāṃ yaś cetaso 'bhyutsāhaḥ. tad vīryaṃ. yas tv akuśalādikriyāyāṃ cetaso 'bhyutsāhaḥ. naitad vīryaṃ. kausīdyam eva tat*. Cf. further Abhidh-k-bh(H) 15; BauddhaK I 73 f.; II 59 ff.; IV 119 ff.

[110] $Prak_H$ (chap. IV) 700 a8 ff. 謂勤精進。勇健勢猛。熾盛難制。勵意不息。心勇悍性.

[111] AS(G) 18.15 f.; AS(P) 10.10 f.; AS-vy(L) 17 v2; PSk A4.1.50 (cited in Abhidh-k-vy 64.26 f.) *vitarkaḥ katamaḥ* | ... *cittasyaudārikatā*; Abhidh-k-bh(P) 60.22 *cittaudārikatā vitarkaḥ*. Cf. further Abhidh-k-bh(H) 22; BauddhaK I 144 f.; II 176 ff.; IV 210 ff.; V 43 ff.

[112] $Prak_H$ (chap. IV) 700 c20 f. 謂心尋求・遍尋求。搆度・極搆度・現前搆度。推究・追尋。極思惟。思惟性。令心麁動; DhK_H 615 b22 ff. 謂心推覔・遍推覔。顯示・極顯示・現前顯示。尋求・遍尋求。算計・遍算計。搆畫・遍搆畫。分別・等分別。等分別性.

[113] $Prak_G$ (chap. IV) 635 b21 f. 若心覺・遍覺。色覺・增上色覺。覺數覺。覺等思惟。麁心轉.

[114] T 廉. H&P 麁 (= P.Chin. 2116; P.Chin. 2073 id.).

[115] AS(G) 18.16 f.; AS(P) 10.11 f.; AS-vy(L) 17 v3 f.; PSk A4.1.51 (cited in Abhidh-k-vy 64.27 f.)

	PrakH	PrakG	PVF
b	謂心細動性[116] (*not preserved*)[115]	謂心細[117]	〈謂〉心細爲性
4.1.17a	放逸云何 (*not preserved*)[118]	云何放逸	云何放逸
b	謂不修善法性[119] (*not preserved*)[118]	謂不修善法[120]	〈謂〉不修諸善
4.1.18a	不放逸云何 (*not preserved*)[121]	云何不放逸	云何不放逸
b	謂修善法性[122] (*not preserved*)[121]	謂修善法	謂修諸善
4.1.19a	善根云何 (kuśalamūlāni katamāni ·)	云何善根	諸善根者
b	謂三善根 (trīṇi kuśalamūlāni ·)[123]	有三善根	謂三善根
c	即無貪善根。無瞋善根。	謂無貪・無恚・無癡	無[124]貪善根。無瞋善根。

vicāraḥ katamaḥ | ... *cittasya sūkṣmatā* (AS-vy(L) *cittasūkṣmatā* or rather *citta⟨sya⟩ sūkṣmatā*); Abhidh-k-bh(P) 60.22 *cittasūkṣmatā vicāraḥ*; MuPSk 51 v2 *sūkṣmekṣikāpravṛttaś caitto dharmo vicāraḥ*. Cf. further Abhidh-k-bh(H) 22; BauddhaK I 146 f.; II 180 ff.; IV 214 ff.; V 52.

[116] PrakH (chap. IV) 700 c22 f. 謂心伺察・遍伺察・隨遍伺察。隨轉・隨流・隨屬。於尋令心細動; DhKH 615 b25 ff. 謂心巡行・遍巡行・隨遍巡行。伺察・遍伺察・隨遍伺察。隨轉・隨流。隨屬彼性.

[117] PrakG (chap. IV) 635 b22 f. 若心行・少行・隨微行。隨順細心轉.

[118] AS(G) 17.33 f.; AS(P) 9.13 ff.; AS-vy(L) 16 r1 *pramādaḥ katamaḥ* | ... *kuśalānāṃ dharmāṇām abhāvanā*; Abhidh-k-bh(P) 56.6; MuPSk 51 v2 *pramādaḥ kuśalānāṃ dharmāṇām abhāvanā*; PSk A4.1.44 *pramādaḥ katamaḥ* | ... *cittaṃ na rakṣati kuśalaṃ ca na bhāvayati*. Cf. further Abhidh-k-bh(H) 16; BauddhaK I 99 f.; II 151 ff.; IV 154 ff.

[119] PrakH (chap. IV) 700 b8 ff. 謂於斷惡法・具足善法中。不修・不習・不別修習。不堅作・不常作。不勤修習性。是名放逸; DhKH 615 a 11 ff. 謂於斷不善法・引集善法。不堅住作。不恒常作。不親・不近。不修・不習.

[120] PrakG (chap. IV) 635 a22 ff. 謂捨正方便。作不應作。於諸善法。不懃修習.

[121] AS(G) 16.15 f.; AS(P) 6.21 f.; AS-vy(L) 11 v1 *apramādaḥ katamaḥ* | ... *kuśalānāṃ* (AS-vy(L) °*ān*) *dharmāṇāṃ bhāvanā*; Abhidh-k-bh(P) 55.7 *apramādaḥ kuśalānāṃ dharmāṇāṃ bhāvanā*; PSk A4.1.19 *apramādaḥ katamaḥ* | ... *akuśalān dharmān prajahāti* ... *kuśalān dharmān bhāvayati*; Tvbh 80.12 ff. *apramādaḥ* ... *akuśalān dharmān prajahāti* ... *kuśalān dharmān bhāvayati*. Cf. further Abhidh-k-bh(H) 15 f.; BauddhaK I 92 ff.; II 80 ff.; IV 146 ff.

[122] PrakH (chap. IV) 700 a20 ff. 謂於斷惡法具足善法中。堅作常作。修習不捨。名不放逸.

[123] MuPSk 52 r1 *trīṇi kuśalamūlāni* | *alobho 'dveṣo 'mohaś ca*.

	Prak$_H$	**Prak$_G$**	**PV$_F$**
	無癡善根		無癡善根
	(7.1) alobhaḥ kuśalamūlam* adveṣaḥ amohaḥ kuśalamūlam*[123]		
4.1.20a	不善根云何	云何不善根	不善根者
	akuśalamūlān(i) k(a)(7.2)tamāni ·		
b	謂三不善根	有三不善根	三不善根
	trīṇy akuśalamūlāni · [125]		
c	即貪不善根。瞋不善根。癡不善根	謂貪・恚・癡	貪不善根。瞋不善根。癡不善根
	lobhaḥ akuśalamūlaṃ · dveṣaḥ mohaḥ akuśala(7.3)mūlam*		
4.1.21a	無記根云何	云何無記根	無記根者
	avyākṛtamūlāni katamāni ·		
b	謂四無記根	有四無記根	四無記根
	catvāry avyākṛtamūlāni ·[126]		
c	即無記愛。無記見。無記慢。無記無明	謂無記愛。無記見。無記慢。無記無明	謂無記愛・見・慢・無明[127]
	avyākṛtā tṛṣṇā · (7.4) dṛṣṭiḥ mānam avidyā ca ·[126]		
4.1.22a	〈結云何〉	云何結	言諸結者
	saṃyojanāni katamāni ·		
b	結有九種	有九結	謂九種結
	nava saṃyojanāni ·[128]		

[124] P.Chin. 2073 and 2116 无.

[125] YBh(Bh) 169.15 *mūlānīti trīṇi mūlāni* | *lobho 'kuśalamūlaṃ* | *dveṣo moho 'kuśalamūlaṃ*; MuPSk 52 r2 *trīṇy akuśalamūlāni* | *lobho dveṣo mohaś ca*.

[126] ASbh 79.3 *catvāry avyākṛtamūlāni tṛṣṇā dṛṣṭir māno 'vidyā ca*; Abhidh-k-bh(P) 292.4 *ta ity avyākṛtā iti darśayati* | *avyākṛtā tṛṣṇā dṛṣṭir māno 'vidyā ca*. Cf. MuPSk 52 r3 *trīṇy avyākṛtamūlāni tṛṣṇāvidyā matiś ca*.

[127] PV$_F$ (996 b10 ff.) adds 云何無記愛。謂色・無色〈界中〉五種所行 (T 所作; H&P 所行 [= P.Chin. 2116; P.Chin. 2073 id.)。云何無記見。謂欲界中所行身見。及以邊見。色・无色〈界〉中所行五見。云何無記慢。謂色・無色〈界中〉五種所行。云何無記無(Mss 无)明。謂欲界中所行身見。及以邊見相應無明。色・無色〈界〉中五種所行. Cf. Vibh$_H$ 795 b14 ff. 無記根有四。謂無記愛見慢無明。無記愛者。謂色・無色界五部愛。無記見者。謂欲界有身見・邊執見。及色・無色界五見。無記慢者。謂色・無色界五部慢。無記無明者。謂欲界有身見・邊執見相應無明。及色・無色界五部無明.

[128] Cf. Abhidh-k-bh(P) 309.2; Abhidh-d 300.17 f.; AS(L) 20 r6; YBh(Bh) 168.14; MuPSk 52 v1.

	Prak$_H$	**Prak**$_G$	**PV**$_F$
c	謂愛結。恚結。慢結。無明結。見結。取結。疑結。嫉結。慳結	謂愛結。恚結。慢結。無明結。見結。他取結。疑結。嫉結。慳結	〈謂〉貪結。恚結。慢結。無[129]明結。見結。勝執結。疑結。疾[130]結。慳結
	anu(8.1)nayasaṃyojanaṃ · pratighasaṃyojanaṃ · mānasaṃyojanam (a)v(i)dyās(aṃ)y(o)j(a)n(aṃ) dṛṣṭi(8.2)saṃyojanaṃ parāmarśasaṃyojanaṃ vicikitsāsaṃyojanaṃm īrṣyāsaṃyojanaṃ mātsarya(8.3)saṃyojanaṃ ·[128]		
4.1.22.1a	愛結云何	云何愛結	云何貪結
	anunayasaṃyojanaṃ katamat*[131]		
b	謂三界貪	謂三界貪	謂三界貪
	traidhātuko rāgaḥ ·[131]		
4.1.22.2a	恚結云何	云何恚結	云何恚結
	pratigha(8.4)saṃyojanaṃ katamat*[132]		
b	謂於有情能爲損害	謂於衆生相違	〈謂〉依諸有情忿恨爲性
	satveṣv āghātaḥ ·[132]		
4.1.22.3a	慢結云何	云何慢結	云何慢結
	mānasaṃyojanaṃ[133] katamat*[134]		
b	謂七慢類	有七慢	謂七種慢。名爲慢結
	sapt(a) māna(vidhāḥ |)[134/135]		
c	即慢。過慢。慢過慢。我慢。增上慢。卑慢。邪慢	謂慢。增慢[136]。慢慢。我慢。增上慢。不如慢。邪慢	謂慢。過慢。慢過慢。我慢。增上慢。卑慢。邪慢

---

[129] P.Chin. 2073 and 2116 无.

[130] Instead of 嫉.

[131] Abhidh-k-bh(P) 309.3; Abhidh-d 301.1; AS(L) 20 r6 *anunayasaṃyojanaṃ traidhātuko rāgaḥ*.

[132] PSk A4.1.23 *pratighaḥ katamaḥ | sattveṣv āghātaḥ*; Tvbh 84.5 *pratighaḥ sattveṣv āghātaḥ*; AS(G) 16.20 f.; AS(P) 7.2 f.; AS-vy(L) 12 r1 *pratighaḥ katamaḥ | sattveṣu* (AS-vy(L) *satv°*) ... *āghātaḥ*; AS(L) 20 r7 *pratighasaṃyojanaṃ satveṣu ... cetasa āghātaḥ*; MuPSk 52 v2 *pratigho vyāpādo dveṣaḥ sattvaviṣaye āghātaḥ*. Cf. further BauddhaK I 150 f.; II 94 ff.; IV 219 ff.; V 35 f.

[133] Ms (8.4) *mana°*.

[134] PSk A4.1.24; AS(L) 20 v1 *mānaḥ katamaḥ |* (AS(L) *mānasaṃyojanaṃ*) *sapta mānāḥ | māno 'timāno mānātimāno 'smimāno 'bhimāna ūnamāno* (AS(L) *un*māno*) *mithyāmānaś ca*; Abhidh-k-bh(P) 284.22 f. *sapta mānāḥ māno 'timāno mānātimāno 'smimāno 'bhimāna ūnamāno mithyāmānaś ca*; Tvbh 86.3 ff. *mānaḥ ... saptadhā bhidyate | māno 'timāna ity evamādi*; Abhidh-k-bh(P) 285.5 *śāstre nava mānavidhā uktāḥ*; Abhidh-d 237.1 *Jñānaprasthāne nava mānavidhā uktās tadyathā* ... Cf. further Prak(Im) 16 ff.; BauddhaK I 152 f.; II 97 ff.; IV 222 ff.; V 37 f.

[135] Cf. Prak$_H$ 七慢類; PV$_F$ 七種慢.

[136] It seems to reflect *adhimānaḥ* in place of *atimānaḥ* (過慢). Cf. Mvy 1947.

	Prak$_H$	Prak$_G$	PV$_F$
	(māno ’timāno mānātimāno ’smimāno ’bhimāna ūnamāno mithyāmānaś ca |)[134]		
4.1.22.3.1a	慢者	云何慢	云何爲慢
	(*not preserved*)[137]		
b	於劣謂己勝。或於等謂己等	於卑謂勝。於勝謂相似[138]	於劣計勝。於等計等
	(*not preserved*)[137]		
c	由此正慢・已慢・當慢。心高・舉心・恃篾[139]	於彼起輕心。自舉・自高	彼以爲因。慢持[140]慢性[141]。心之高舉。心之所慠。心之所執
	(*not preserved*)[137/142]		
d	ø	是名慢	此名爲慢
	(*not preserved*)[137]		
4.1.22.3.2a	過慢者	云何增慢[136]	云何過慢
	(*not preserved*)[143]		
b	於等謂己勝。或於勝謂己等	於等謂勝。於勝謂等	於等計已[144]勝。或於勝計已[144]等
	(*not preserved*)[143]		
c	由此正慢・已慢・當慢。心	於彼起輕心。自舉・自高	彼以爲因。慢恃[145]慢性[141]。

[137] PSk A4.1.24.1; AS(L) 20 v1 *mānaḥ katamaḥ* | *hīnāc chreyān asmi* (AS(L) *hīnād asmi śreyān**) *sadṛśena vā sadṛśa iti yā cittasyonnatiḥ*; Abhidh-k-bh(P) 284.24 f. *hīnād viśiṣṭaḥ samena vā samo ’smīti manyamānasyonnatir mānaḥ*; Tvbh 86.11 ff. *hīnāt kulavijñānavittādibhiḥ śreyān asmi kulavijñānavittādibhir iti yā cittasyonnatiḥ sadṛśena vā kulādibhir eva sadṛśo ’smīti yā cittasyonnatiḥ sa mānaḥ*; MuPSk 52 v3 *hīnād ātmānaṃ hīnaṃ sadṛśam adhikaṃ vā sadṛśena sadṛśaṃ vopalabhya parikalpaviśeṣo mānaḥ*.

[138] JP$_{GS}$ 782 c15 於妙相似.

[139] V.l. 蔑.

[140] P.Chin. 2073 恃.

[141] SaṅgPar$_H$ 420 a23 慢恃執慢性.

[142] JP(Ch) §§ I.i–ii, 2g; iii–vi, 2f; II, 2f *tad upādāya yo māno mananaṃ mānāyitatvaṃ cittasyonnatir un(nā)maś cetasaḥ (sampragraha)ḥ*.

[143] PSk A4.1.24.2; AS(L) 20 v1 *atimānaḥ katamaḥ* | *sadṛśāc chreyān asmi* (AS(L) *sadṛśād asmi śreyān**) *śreyasā vā sadṛśa iti yā cittasyonnatiḥ*; Tvbh 86.14 ff. *atimānaḥ* | *kulavijñānavittādibhiḥ sadṛśāt tyāgaśīlapauruṣādibhiḥ śreyān asmi śreyasā vā kulavidyādibhiḥ sadṛśo ’smi vijñānavittādibhir ity ayam atimānaḥ*; Abhidh-k-bh(P) 285.1 *samād viśiṣṭo ’smīty abhimānaḥ* (read *ati*°; *t* and *bh* are similar in Ms); MuPSk 52 v3 *viśiṣṭān nyūnasyātmanas tulyatābhimananam atimānaḥ*.

[144] Wrongly for 己.

[145] T 特. H&P 恃 (= P.Chin. 2116; P.Chin. 2073 id.).

	Prak$_H$	Prak$_G$	PV$_F$
	高・舉心・恃篾[139]		心之高舉。心之所傲[146]。心之所執
	(*not preserved*)[142/143]		
d	ø	是名增慢[136]	〈此名過慢〉[147]
	(*not preserved*)[143]		
4.1.22.3.3a	慢過慢者	云何慢慢	〈云何慢過慢〉[148]
	(*not preserved*)[149]		
b	於勝謂己勝	於勝謂勝	〈於勝計己勝〉[150]
	(*not preserved*)[149]		
c	由此正慢・已慢・當慢。心高・舉心・恃篾[139]	於彼起輕心。自舉・自高	〈彼以爲因。慢恃慢性[141]。心之高舉。心之所慠。心之所執〉[151]
	(*not preserved*)[142/149]		
d	ø	是名慢慢	此名慢過慢[152]
	(*not preserved*)[149]		
4.1.22.3.4a	我慢者	云何我慢	云何我慢
	(*not preserved*)[153]		
b	於五取蘊等。隨觀執我。或我所	於五受陰。計我・我所有	謂於五取蘊。隨觀爲我。或爲我所
	(*not preserved*)[153]		

[146] P.Chin. 2116 慠.

[147] Supplemented according to P.Chin. 2073. P.Chin. 2116 此名《慢》過慢.

[148] Supplemented according to P.Chin. 2073. P.Chin. 2116 ~~云何慢過慢~~.

[149] PSk A4.1.24.3; AS(L) 20 v2 *mānātimānaḥ katamaḥ* | *śreyasaḥ śreyān asmīti* (AS(L) *śreyastaro 'smīti*) *yā cittasyonnati*; Tvbh 86.17 f. *śreyasaḥ kulavijñānavittair aham eva śreyān asmi kulavijñānavittair iti yā cittasyonnatir ayaṃ mānātimānaḥ*; Abhidh-k-bh(P) 285.1 *viśiṣṭād viśiṣṭo 'smīti mānātimānaḥ*; MuPSk 52 v3 *viśiṣṭād api viśiṣṭātmamananaṃ mānātimānaḥ*.

[150] Supplemented according to P.Chin. 2073. P.Chin. 2116 ~~於勝計已勝~~.

[151] Supplemented according to P.Chin. 2073. P.Chin. 2116 ~~彼以爲因。慢恃慢性。心之高舉。心之所慠。心之所執~~.

[152] P.Chin. 2116 ~~此名慢過慢~~.

[153] PSk A4.1.24.4; AS(L) 20 v2 *asmimānaḥ katamaḥ* | *pañcopādānaskandhān ātmata ātmīyato vā samanupaśyato yā cittasyonnatiḥ*; Abhidh-k-bh(P) 285.2 *pañcopādānaskandhān ātmata ātmīyato vā manyamānasyāsmimānaḥ*; Tvbh 88.1 f. *asmimānaḥ* | *pañcasūpādānaskandheṣv ātmātmīyarahiteṣv ātmātmīyābhiniveśād yā cittasyonnatiḥ so 'smimānaḥ*; MuPSk 52 v3 *pañcopādānaskandheṣu śūnyeṣv aham iti parikalpo 'smimāno 'haṃmānaś ca*.

	Prak$_H$	Prak$_G$	PV$_F$
c	由此正慢・已慢・當慢。心高・舉心・恃篾[139]	於彼起輕心。自舉・自高	彼以爲因。慢恃慢性[141]。心之高舉。心之所慠。心之所執
	(*not preserved*)[142/153]		
d	ø	是名我慢	此名我慢
	(*not preserved*)[153]		
4.1.22.3.5a	增上慢者	云何增上慢	云何增上慢
	(*not preserved*)[154]		
b	於所未得上勝證法。謂我已得。於所未至上勝證法。謂我已至。於所未觸上勝證法。謂我已觸。於所未證上勝證法。謂我已證	未得勝法謂得。未到謂到。未觸謂觸。未證謂證	謂於未得上之殊勝。計已謂得[155]上之殊勝。或未證觸。亦未現前上之殊勝。計已證得[156]
	(*not preserved*)[154]		
c	由此正慢・已慢・當慢。心高・舉心・恃篾[139]	於彼起輕心。自舉・自高	彼以爲因。慢恃慢性[141]。心之高舉。心之所傲[146]。心之所執
	(*not preserved*)[142/154]		
d	ø	是名增上慢	此名增上慢
	(*not preserved*)[154]		
4.1.22.3.6a	卑慢者	云何不如慢	云何卑慢
	(*not preserved*)[157]		
b	於他多勝。謂自少劣	於彼極勝。謂小不如	謂於多分殊勝。計已[144]少分下劣

[154] PSk A4.1.24.5; Tvbh 88.3 f. *abhimānaḥ katamaḥ* (Tvbh *abhimānaḥ*) | *aprāpta uttareviśeṣādhigame prāpto mayeti yā cittasyonnatiḥ* (Tvbh *°iḥ so 'bhimānaḥ*); AS(L) 20 v2 *abhimānaḥ katamaḥ* | *aprāpte uttariviśeṣādhigame prāpto me uttariviśeṣādhigama iti yā cittasyonnatiḥ*; ŚĀS-ṭ 52.9 f. *aprāpte uttaraviśeṣādhigame prāpto mayeti manyamānasya yā cittasyonnatiḥ so 'bhimānaḥ*; Abhidh-k-bh(P) 285.2 f. *aprāpte viśeṣādhigame prāpto mayety abhimānaḥ*; MuPSk 52 v4 *aprāpte uttariviśeṣasya ... adhigame prāpto mayety ābhimukhyena mananam abhimānaḥ*.

[155] Wrongly for 計已證得 or 計已已得, supposedly. AS$_H$ 676 c14 f. 計已已得上勝證法.

[156] T 證明. H&P 證得 (= P.Chin. 2116; P.Chin. 2073 id.). Cf. note 155, above.

[157] PSk A4.1.24.6 *ūnamānaḥ katamaḥ* | *bahvantaraviśiṣṭād alpāntarahīno 'smīti yā cittasyonnatiḥ*; AS(L) 20 v2 f. *un*mānaḥ katamaḥ* | *bahavato 'ntaraviśiṣṭād alpāntarahīno 'smīti yā cittasyonnatiḥ*; Tvbh 88.5 f. *ūnamānaḥ* | *bahvantaraviśiṣṭāt kulavidyādibhir alpāntarahīno 'smi kulavidyādibhir iti yā cittasyonnatir ayam ūnamānaḥ*; Abhidh-k-bh(P) 285.3 *bahvantaraviśiṣṭād alpāntarahīno 'smīty ūnamānaḥ*.

	Prak_H	Prak_G	PV_F
	(*not preserved*)[157]		
c	由此正慢・已慢・當慢。心高・舉心・恃篾[139]	於彼起輕心。自舉・自高	彼以爲因。慢恃慢性[141]。心之高舉。心之所傲[146]。心之所執
	(*not preserved*)[142/157]		
d	ø	是名不如慢	此名卑慢
	(*not preserved*)[157]		
4.1.22.3.7a	邪慢者	云何邪慢	云何邪慢
	(*not preserved*)[158]		
b	於實無德。謂我有德	非德謂德	謂具非德。計已[144]具德
	(*not preserved*)[158]		
c	由此正慢・已慢・當慢。心高・舉心・恃篾[139]	於彼起輕心。自舉・自高	彼以爲因。慢恃慢性[141]。心之高舉。心之所慠。心之所執
	(*not preserved*)[142/158]		
d	ø	是名邪慢	此名邪慢
	(*not preserved*)[158]		
4.1.22.3d	ø	如是七慢。名慢結	此七種慢。名爲慢結
	(*not preserved*)		
4.1.22.4a	無明結云何[159]	云何無明結[160]	云何無[161]明結
	(avidyāsaṃyojanaṃ katamat* |)[162]		
b	謂三界無智[159]	謂三界無知[160]	謂三界無知
	(traidhātukam ajñānam* |)[162]		
c	ø	ø	此名無[161]明結
	(*not preserved*)[162]		
4.1.22.5a	見結云何	云何見結	云何見結

[158] PSk A4.1.24.7; AS(L) 20 v3 *mithyāmānaḥ katamaḥ* | *aguṇavato guṇavān asmīti yā citta-syonnatiḥ*; Tvbh 88.7 f. *mithyāmānaḥ* | *aguṇavato guṇavān asmīti yā cittasyonnatiḥ sa mithyā-mānaḥ*; Abhidh-k-bh(P) 285.3 f. *aguṇavato guṇavān asmīti mithyāmānaḥ*.

[159] Vibh_H 258 b19 f. 云何無明結。謂三界無知.

[160] Prak_G (chap. IV) 653 b15 f. 云何無明結。謂愚三界暗無知.

[161] P.Chin. 2073 and 2116 无.

[162] AS(G) 16.22 f.; AS(P) 7.5; AS-vy(L) 12 r3 *avidyā katamā* | *traidhātukam ajñānam* (AS-vy(L) °*an*). Cf. further BauddhaK I 95 ff.; II 101 ff.; IV 150 ff.; V 39 f.

<table>
<tr><th></th><th>Prak$_{H}$</th><th>Prak$_{G}$</th><th>PV$_{F}$</th></tr>
<tr><td></td><td colspan="3">(dṛṣṭisaṃyojanaṃ katamat* |)[163]</td></tr>
<tr><td>b</td><td>謂三見</td><td>有三見</td><td>謂三種結。名爲見結[164]</td></tr>
<tr><td></td><td colspan="3">(tisro dṛṣṭayaḥ |)[163]</td></tr>
<tr><td>c</td><td>ø</td><td>ø</td><td>云何爲三</td></tr>
<tr><td></td><td colspan="3">(katamāḥ tisraḥ |)</td></tr>
<tr><td>d</td><td>即有身見。邊執見。耶見[165]</td><td>謂身見。邊見。邪見</td><td>一身見。二邊執見。三邪見</td></tr>
<tr><td></td><td colspan="3">(satkāyadṛṣṭir antagrāhadṛṣṭir mithyādṛṣṭiḥ |)[163]</td></tr>
<tr><td>4.1.22.5.1a</td><td>有身見者[166]</td><td>云何身見</td><td>云何身見</td></tr>
<tr><td></td><td colspan="3">(satkāyadṛṣṭiḥ katamā |)[167]</td></tr>
<tr><td>b</td><td>於五取蘊等。隨觀執我。或我所</td><td>謂五受陰。見我・我所有[168]</td><td>謂於五取蘊。隨觀爲我。或爲我所</td></tr>
<tr><td></td><td colspan="3">(pañcopādānaskandhān ātmata ātmīyato vā samanupaśyatas)[167]</td></tr>
<tr><td>c</td><td>由此起忍・樂・慧・觀・見</td><td>於彼起欲。起忍。起見[168]</td><td>彼以爲因。忍・樂・慧・觀。及以所見</td></tr>
<tr><td></td><td colspan="3">(tad upādāya yā kṣāntī rucir matiḥ prekṣā dṛṣṭiḥ |)[167]</td></tr>
<tr><td>d</td><td>〈是名有身見〉[169]</td><td>是名身見</td><td>此名身見</td></tr>
<tr><td></td><td colspan="3">(iyam ucyate satkāyadṛṣṭiḥ |)</td></tr>
<tr><td>4.1.22.5.2a</td><td>邊執見者[170]</td><td>云何邊見</td><td>云何邊執見</td></tr>
<tr><td></td><td colspan="3">(antagrāhadṛṣṭiḥ katamā |)[171]</td></tr>
</table>

---

[163] AS(L) 20 v4 *dṛṣṭisaṃyojanaṃ tisro dṛṣṭayaḥ | satkāyadṛṣṭir antagrāhadṛṣṭir mithyādṛṣṭiś ca*; Abhidh-k-vy 489.11 f. *dṛṣṭisaṃyojanaṃ tisro dṛṣṭaya iti. satkāyāṃtagrāhamithyādṛṣṭayaḥ*; PSk A4.1.26 *dṛṣṭiḥ katamā | pañca dṛṣṭayaḥ | satkāyadṛṣṭir antagrāhadṛṣṭir mithyādṛṣṭir dṛṣṭiparāmarśaḥ śīlavrataparāmarśaś ca*; Dhsgr § 68 *paṃca dṛṣṭayaḥ | satkāyadṛṣṭir aṃtagrāhadṛṣṭir mithyādṛṣṭir dṛṣṭiparāmarśaḥ śīlavrataparāmarśaḥ*. The last two, namely *dṛṣṭiparāmarśa* and *śīlavrataparāmarśa* are listed below (§§ 4.1.22.6.1–2) as *parāmarśasaṃyojana*. Cf. further BauddhaK II 107 f.

[164] Read 謂三種結 or 三種結。名爲見結.

[165] Misprint for 邪見; cf. § 4.1.22.5.3a, below.

[166] Prak$_{H}$ (chap. IV) 700 c1 有身見云何.

[167] AS(G) 16.24 f.; AS(P) 7.8 f.; AS-vy(L) 12 r5 f.; PSk A4.1.26.1 *satkāyadṛṣṭiḥ katamā | pañcopādānaskandhān ātmata ātmīyato vā samanupaśyato yā kṣāntī rucir matiḥ* (AS-vy(L) *mmatiḥ*) *prekṣā dṛṣṭiḥ* (PSk *yā kliṣṭā prajñā*); Tvbh 88.12 *satkāyadṛṣṭir yat pañcasūpādānaskandheṣv ātmātmīyadarśanam*.

[168] Prak$_{G}$ (chap. IV) 635 b9 f. 謂於五盛陰。起我・我所有見。於彼堪忍樂著.

[169] Cf. Prak$_{H}$ (chap. IV) 700 c2.

[170] Prak$_{H}$ (chap. IV) 700 c2 f. 邊執見云何.

	Prak$_{H}$	**Prak$_{G}$**	**PV$_{F}$**
b	於五取蘊等。隨觀執或斷或常	謂五受陰。或見常。或見斷[172]	謂於五取蘊。隨觀斷・常
	(pañcopādānaskandhān śāśvatato vocchedato vā samanupaśyatas)[171]		
c	由此起忍・樂・慧・觀・見	於彼起欲。起忍。起見[172]	彼以爲因。忍・樂・慧・觀。及以所見
	(tad upādāya yā kṣāntī rucir matiḥ prekṣā dṛṣṭiḥ |)[171]		
d	〈是名邊執見〉[173]	是名邊見	此名邊執見
	(iyam ucyate 'ntagrāhadṛṣṭiḥ |)		
4.1.22.5.3a	邪見者[174]	云何邪見	云何[175]邪見
	(mithyādṛṣṭiḥ katamā |)[176]		
b	謗因謗果。或謗作用。或壞實事	謂謗因果[177]	謂謗因果。及以作用。壞[178]有之事
	(hetuṃ vā phalaṃ vā) (9.1) kkriyāṃ vāpavadati sad vā vastuṃ[179] nāśayatas[176]		
c	由此起忍・樂・慧・觀・見	於彼起欲。起忍。起見[177]	彼以爲因。忍・樂・慧・觀。及以所見
	tad upādāya yā kṣānti rucir matiḥ prekṣā (9.2) dṛṣṭir[176]		
d	〈是名邪見〉[180]	是名邪見	此名邪見

---

[171] AS(G) 16.26 f.; AS(P) 7.10 f.; AS-vy(L) 12 v1 *antagrāhadṛṣṭiḥ katamā* | *pañcopādānaskandhān śāśvatato* (Mss *śāśvato śāśvata⟨⟨ta⟩⟩*) *vā ucchedato vā samanupaśyato* (AS(G)/AS(P) °*aḥ*) *yā kṣāntī rucir matiḥ* (AS-vy(L) *mmatiḥ*) *prekṣā dṛṣṭiḥ*; PSk A4.1.26.2 *antagrāhadṛṣṭiḥ katamā* | *tām evādhipatiṃ kṛtvā śāśvatata ucchedato vā samanupaśyato yā kliṣṭā prajñā*; Tvbh 88.17 f. *antagrāhadṛṣṭis teṣv eva pañcasūpādānaskandheṣv ātmātmīyatvena gṛhīteṣu yad ucchedataḥ śāśvatato vā darśanam.*

[172] Prak$_{G}$ (chap. IV) 635 b10 f. 謂於五盛陰。或斷・常見。於彼堪忍樂著.

[173] Cf. Prak$_{H}$ (chap. IV) 700 c4.

[174] Prak$_{H}$ (chap. IV) 700 c4 邪見云何.

[175] H&P (= P.Chin. 2116) 云所.

[176] AS(G) 16.31 ff.; AS(P) 7.17 ff.; AS-vy(L) 12 v5; PSk A4.1.26.3 *mithyādṛṣṭiḥ katamā* | *hetuṃ vāpavadataḥ phalaṃ vā kriyāṃ vā sad vā vastu nāśayataḥ mithyā vā* (AS(P) *ca* versus Ms *vā*) *vikalpayato* (AS-vy(L) *parikalp*°) *yā kṣāntī* (AS(P) °*i* versus Ms °*ī*) *rucir matiḥ* (AS-vy(L) *mmatiḥ*) *prekṣā dṛṣṭiḥ* (PSk ... *nāśayato yā kliṣṭā prajñā*); Abhidh-d 164.12 f. *mithyādṛṣṭir api hetuṃ vā phalaṃ vā kriyāṃ vā sad vā vastu nāśayataḥ yā dṛṣṭir matir ity evamādi sā mithyādṛṣṭir ity ucyate*; Tvbh 88.19 f. *mithyādṛṣṭiḥ* | *yayā mithyādṛṣṭyā hetuṃ vāpavadati phalaṃ kriyāṃ vā sad vā vastu nāśayati sā sarvadarśanapāpatvān mithyādṛṣṭir ity ucyate.*

[177] Prak$_{G}$ (chap. IV) 635 b11 f. 謂誹謗因果。毀所應作。於彼堪忍樂著.

[178] Ex coni. H&P (= P.Chin. 2116) 懷; P.Chin. 2073 id.

[179] Cf. BHSG 12.30.

[180] Cf. Prak$_{H}$ (chap. IV) 700 c6.

	Prak$_{H}$	**Prak$_{G}$**	**PV$_{F}$**
	iyam ucyate mithyādṛṣṭiḥ ‖		
4.1.22.5e	ø	如是三見。名見結	此三種見。名爲見結
	ime tisro dṛṣṭayo dṛṣṭisaṃyojanam ity ucya(9.3)te ·		
4.1.22.6a	取結云何	云何他取結	云何勝執結
	parāmarśasaṃyojanaṃ katamat*[181]		
b	謂二取	有二見	二種勝執。名勝執結
	dvau parāmarśau parāmarśasaṃyojanam i(9.4)ty ucyate ·		
c	ø	ø	云何爲二
	ø		
d	即見取。戒禁取	謂見取。戒取	一見勝執。二戒禁勝執
	dṛṣṭiparāmarśaḥ śīlavrataparāmarśaś ca · [181]		
4.1.22.6.1a	見取者[182]	云何見取	云何見勝執
	dṛṣṭiparāmarśaḥ katamaḥ[183]		
b	於五取蘊等。隨觀執爲最。爲勝。爲上。爲極	謂五受陰。第一勝妙	謂於五取蘊。隨觀爲最。爲上。爲勝。爲極
	(10.1) pañcopādānaskandhān agrataḥ śreṣṭhataḥ paramataś ca samanupaśyataḥ[183]		
c	由此起忍・樂・慧・觀・見	於彼起欲。起忍。起見	彼以爲因。忍・樂・慧・觀。及以所見
	tad upādā(10.2)ya yā kṣānti rucir matiḥ ppreksā dṛṣṭir[183]		
d	〈是名見取〉[184]	是名見取	此名勝執見
	ayam ucyate dṛṣṭiparāmarsaḥ |		
4.1.22.6.2a	戒禁取者[185]	云何戒取	云何戒禁勝取
	śīlavra(10.3)taparāmarśaḥ katamaḥ[186]		

[181] AS(L) 20 v5 *parāmarśasaṃyojanaṃ* | *dṛṣṭiparāmarśaḥ śīlavrataparāmarśaś ca.*

[182] Prak$_{H}$ (chap. IV) 700 c6 見取云何.

[183] AS(G) 16.27 ff.; AS(P) 7.12 ff.; AS-vy(L) 12 v2 f.; PSk A4.1.26.4 *dṛṣṭiparāmarśaḥ katamaḥ* | *dṛṣṭiṃ dṛṣṭyāśrayāṃś* (PSk *tām eva trividhāṃ dṛṣṭiṃ tadāśrayāṃś*) *ca pañcopādānaskandhān agrataḥ śreṣṭhato viśiṣṭataḥ paramataś ca* (AS-vy(L) *viśiṣṭataś ca*; PSk *paramataḥ*) *samanupaśyato yā kṣāntī rucir matiḥ* (AS-vy(L) *mmatiḥ*) *prekṣā dṛṣṭiḥ* (PSk *yā kliṣṭā prajñā*); Tvbh 88.21 f. *dṛṣṭiparāmarśaḥ pañcasūpādānaskandheṣv agrato viśiṣṭataḥ śreṣṭhataḥ paramataś ca yad darśanam*; Abhik-vy 625.28 f. *agrataḥ śreṣṭhato viśiṣṭataḥ paramata iti dṛṣṭiparāmarśena.*

[184] Cf. Prak$_{H}$ (chap. IV) 700 c8.

[185] Prak$_{H}$ (chap. IV) 700 c8 戒禁取云何.

	Prak$_H$	Prak$_G$	PV$_F$
b	於五取蘊等。隨觀執爲能清淨。爲能解脫。爲能出離	謂五受陰。清淨。解脫。出要	謂於五取蘊。隨觀爲淨。爲解脫。爲出離
	paṃcopādānaskandhāñ chuddhito muktito nairyāṇikataś ca sama(10.4)nupaśyataḥ[186]		
c	由此起忍・樂・慧・觀・見	於彼起欲。起忍。起見	彼以爲因。忍・樂・慧・觀。及以所見
	tad upādāya yā kṣāntiḥ ruciḥ matiḥ prekṣā dṛṣṭir[186]		
d	〈是名戒禁取〉[187]	是名戒取	此名戒禁勝取
	ayam ucyate (śīlavrataparāmarśaḥ |)		
4.1.22.6e	ø	如是二見。名他取結	此二種勝取。名勝執結
	(imau dvau parāmarśau parāmarśasaṃyojanam ity ucyate |)		
4.1.22.7a	疑結云何	云何疑結	云何疑結
	(vicikitsāsaṃyojanaṃ katamat* |)[188]		
b	謂於諦猶豫	謂惑諦不了	謂於諸諦猶豫爲性
	(satyeṣu vimatiḥ |)[188]		
4.1.22.8a	嫉結云何	云何嫉結	云何疾[189]結
	(īrṣyāsaṃyojanaṃ katamat* |)[190]		
b	謂心妬忌	謂心瞋增廣	〈謂〉心亂爲性
	(cetaso vyāroṣaḥ |)[190]		

[186] AS(G) 16.30 f.; AS(P) 7.15 ff.; AS-vy(L) 12 v3 f.; PSk A4.1.26.5 *śīlavrataparāmarśaḥ katamaḥ | śīlaṃ vrataṃ śīlavratāśrayāṃś* (AS Ms °*vratāṃś*; PSk *tadāśrayāṃś*) *ca pañcopādānaskandhān śuddhito muktito* (AS(G)/AS-vy(L), following Mss, *yuk*°) *nairyāṇikataś ca samanupaśyato yā kṣāntī rucir matiḥ* (AS-vy(L) *mmatiḥ*) *prekṣā dṛṣṭiḥ* (PSk *yā kliṣṭā prajñā*); Tvbh 90.1 f. *śīlavrataparāmarśaḥ pañcasūpādānaskandheṣu śuddhito muktito nairyāṇikataś ca yad darśanam**; Abhidh-k-vy 625.29 *śuddhito muktito nairyāṇikata iti śīlavrataparāmarśena*.

[187] Cf. Prak$_H$ (chap. IV) 700 c10.

[188] AS(G) 16.23 f.; AS(P) 7.6 f.; AS-vy(L) 12 r4 f.; PSk A4.1.27 *vicikitsā katamā | satyeṣu vimatiḥ* (PSk *satyādiṣu yā vimatiḥ*); AS(L) 20 v4 *vicikitsāsaṃyojanaṃ satyeṣu vimatiḥ*; Tvbh 90.3 *vicikitsā | karmaphalasatyaratneṣu vimatiḥ*. Cf. further BauddhaK I 154 f.; II 104 ff.; IV 228 ff.; V 41 f.

[189] Instead of 嫉.

[190] AS(G) 17.19 f.; AS(P) 8.19 f.; AS-vy(L) 15 r1; PSk A4.1.32 *īrṣyā katamā | ... cetaso vyāroṣaḥ*; Abhidh-k-bh(P) 312.15 *cetaso vyāroṣa īrṣyā*; Tvbh 92.9; AS(L) 20 v7 *īrṣyā* (AS(L) *īrṣyāsaṃyojanaṃ*) ... *cetaso vyāroṣaḥ*. Cf. further Abhidh-k-bh(H) 20; BauddhaK I 125 f.; II 133 ff.; IV 181 ff.

	PrakH	PrakG	PVF
4.1.22.9a	慳結云何	云何慳結	云何慳結
	(mātsaryasaṃyojanaṃ katamat* |)[191]		
b	謂心鄙悋	謂心堅著	〈謂〉心執爲性
	(cetasa āgrahaḥ |)[191]		
4.1.22d	ø	是名九結	是故說爲諸結
	(imāny ucyante saṃyojanāni |)[192]		
4.1.23a	縛云何	云何縛	言繫縛者
	(bandhanāni katamāni |)[193]		
b	謂諸結亦名縛	謂結即是縛	所說諸結。彼亦名縛[194]
	(yat tāvat saṃyojanaṃ bandhanam api tat* |)		
c	復有三縛	復有三縛	然縛有三種
	(trīṇi bandhanāni |)[193]		
d	謂貪縛。瞋縛。癡縛	謂貪欲縛。瞋恚縛。愚癡縛	謂貪縛。瞋縛。癡縛
	(rāgo bandhanaṃ dveṣo moho bandhanam * |)[193]		
e	ø	ø	故說爲縛
	(imāny ucyante ba)(23.1)ndhanānīti ·		
4.1.24a	隨眠	云何使	言徵廣[195]者
	anuś(ayāḥ katamāḥ |)		
b	有七種	有七使	謂七徵廣
	(saptānuśayāḥ |)[196]		

[191] AS(G) 17.20 f.; AS(P) 8.21 f.; AS-vy(L) 15 r2; PSk A4.1.33 *mātsaryaṃ katamat** | ... *cetasa āgrahaḥ*; Abhidh-k-bh(P) 312.15; MuPSk 53 v1 *cittāgraho mātsaryam**; Tvbh 92.14 *mātsaryaṃ ... cetasa āgrahaḥ*. Cf. further Abhidh-k-bh(H) 19; BauddhaK I 123 f.

[192] Cf. above 4.1.22a *saṃyojanāni katamāni ·*.

[193] Abhidh-d 304.16 f. *trīṇi bandhanāni* | *rāgo bandhanaṃ dveṣo moho bandhanam*; MuPSk 53 v1 *bandhanāni trīṇi* | *rāgo dveṣo mohaś ca*; YBh(Bh) 168.15 *bandhanānīti trīṇi bandhanāni rāgadveṣamohāḥ*. Cf. further Abhidh-k-bh(P) 311.14 f. *bandhanāni katamāni* | *trīṇi bandhanāni* | *rāgo bandhanaṃ sarvaḥ dveṣo bandhanaṃ sarvaḥ moho bandhanaṃ sarvaḥ*.

[194] P.Chin. 2073 彼名亦縛.

[195] T 微廣 (H&P id.). There is no lexical evidence for 徵 so far. Perhaps the term was originally interpreted as 微橫 (**aṇu-śaya*) by Facheng.

[196] Cf. Saṅg VII.11; Abhidh-k-bh(P) 277.16 f.; YBh(Bh) 169.1. MuPSk 53 v2 *anuśayāḥ ṣaṭ* | *rāgaḥ pratigho māno 'vidyā vicikitsā dṛṣṭiś ca* | *atra rāgo dvidhā* | *kāmarāgo rūpyārūpyarāgaś ca*.

	Prak_H	**Prak_G**	**PV_F**
c	ø	ø	云何爲七
	(katame sapta |)		
d	謂欲貪隨眠。瞋隨眠。有貪隨眠。慢隨眠。無明隨眠。見隨眠。疑隨眠	謂貪欲使。瞋恚使。有愛使。慢使。無明使。見使。疑使	一貪徽廣。二瞋徽廣。三有欲徽廣。四慢徽廣。五無[197]明徽廣。六見徽廣。七疑徽廣
	(kāma)rāgānuśayaḥ (pratighānuśa)yo bh(a)varāgānuś(ayo mānānuśayo 'vidyānuśayo dṛṣṭya)(23.2)nuśayo vicikits(ānuśayaḥ |)[196]		
4.1.24.1a	欲貪隨眠	云何貪欲使	云何貪徽廣
	(kāmarāgānuśaya)ḥ kataraḥ		
b	有五種	有五種	五種徽廣。名貪徽廣
	(pañcānuśayāḥ) kāmarāgānuśaya (ity ucyate |)		
c	ø	ø	云何爲五
	(katame pañca |)		
d	謂欲界繫見苦・集・滅・道・修所斷貪	謂欲界繫見苦所斷貪。欲界繫見集・滅・道・修道所斷貪	謂欲界所繫見苦所斷所有貪欲。欲界所繫見集・滅・道及修所斷所有貪欲
	(kāmapratisaṃ)(23.3)yukto duḥkhadarśa(naprahātavyaḥ kāmarāga)ḥ kāmapratisa(ṃyuktaḥ) samudayanirodhamā(r)g(adarśanabhāvanāprahātavyaḥ kāmarāgaḥ |)		
e	ø	如是五種。名貪欲使	此五〈種〉[198]徽廣。名貪徽廣
	(i)(23.4)me pañcānuśayā(ḥ kāmarāgānuśaya ity ucya)te ·		
4.1.24.2a	瞋隨眠	云何瞋恚使	云何瞋徽廣
	pratighānuś(ayaḥ) k(a)taraḥ		
b	有五種	有五種	此五種徽廣。名瞋徽廣[199]
	pañcānuśayāḥ prat(ighānuśaya ity ucyate |)		
c	ø	ø	云何爲五
	(katame pañca |)		
d	謂見苦・集・滅・道・修所斷瞋	謂欲界繫見苦所斷瞋。欲界繫見集・滅・道・修道所斷瞋	謂見苦所斷所有瞋恚。見集・滅・道及修所斷所有瞋恚

[197] P.Chin. 2073 and 2116 无.

[198] P.Chin. 2073 五種.

[199] Read 五種徽廣。名瞋徽廣 or 謂五種徽廣.

	Prak$_H$	**Prak$_G$**	**PV$_F$**
	(23.5) duḥkhadarśanaprahāt(avyaḥ pratighaḥ samudaya)nirodhamārgadarśan(abhā)-vanāprahātavyaḥ pratighaḥ		
e	ø	如是五種。名瞋恚使	此五〈種〉徵廣。名瞋徵廣
	i(me pañcānuśayāḥ pratighānuśaya ity ucyate |)		
4.1.24.3a	有貪隨眠	云何有愛使	云何有欲徵廣
	(bhavarāgānuśayaḥ kataraḥ |)		
b	有十種	有十種	此十〈種〉徵廣。名有欲徵廣[200]
	(da)(24.1)śānuśayāḥ bhava(rāgā)nuśaya ity ucyate ·		
c	ø	ø	云何爲十
	katame daś(a |)		
d	謂色界繫五。無色界繫五	謂色界繫五種。無色界繫五種	謂色〈界〉繫五。無[201]色〈界〉繫五
	(pañca rūpapratisaṃyuktāḥ pañcārūpyapratisaṃyuktāḥ |)		
4.1.24.3.1a	色界繫五者	云何色界繫五種	云何名爲有貪[202]徵廣色界繫五
	(pañca rūpapratisaṃyuktā bha)(24.2)varāgānuśayā(ḥ katam)e ·		
b	謂色界繫見苦・集・滅・道・修所斷貪	謂色界繫見苦所斷愛。色界繫見集・滅・道・修道所斷愛	謂色界〈所〉繫見苦所斷所有請欲[203]。及色界〈所〉繫見集・滅・道及修所斷所有貪欲[204]
	(11.1) rūpapratisaṃyukto[205] duḥkhadarśanaprahātavyo[206] bhavarāgānuśayaḥ rūpa-prati(11.2)saṃyuktaḥ[207] samudayanirodhamārgada(24.3)rśanabhāvanāprahātavyo bhavarāgānuśayaḥ[208]		
4.1.24.3.2	無色界繫五亦爾	如色界繫五種。無色界繫亦如是	如色〈界〉繫五。無[201]色〈界〉繫五。亦復如是

[200] Read 十種徵廣。名有欲徵廣 or 謂十種徵廣.

[201] P.Chin. 2073 and 2116 无.

[202] Wrongly for 有欲徵廣色界繫五 or 色界所繫五種有欲徵廣.

[203] H&P 所有諸欲 (=P.Chin. 2116; P.Chin. 2073 id.). Wrongly for 所有有欲.

[204] Wrongly for 所有有欲.

[205] Ms 11.1 °*ppratisaṃyuktaḥ*.

[206] Ms (11.1) °*pprahātavyo*.

[207] Ms (11.1/2) °*pprat*[*i*]*saṃyuktaḥ*.

[208] Ms 24.3 (*bhava*)*rāga*[*ḥ*].

	Prak$_{H}$	**Prak$_{G}$**	**PV$_{F}$**

(11.3) yathā rūpapratisaṃyuktā[209] evam ārūpyapratisaṃyuktā[210]

4.1.24.3e	ø	如是十種。名有愛使	此十〈種〉徵廣。名有欲徵廣

itīme daśānuśayā (11.4) bhavarāgānuśaya i(24.4)ty ucyate ·

4.1.24.4a	慢隨眠	云何慢使	云何慢徵廣

mānānuśayaḥ katamaḥ |[211]

b	有十五種	有十五種	此十五種徵廣。名慢徵廣[212]

pañcadaśānuśayāḥ (12.1) mānānuśaya ity ucyat(e) ·

c	ø	ø	云何爲十五

ø[213]

d	謂欲界繫五。色界繫五。無色界繫五	謂欲界繫五種。色界繫五種。無色界繫五種	謂欲〈界〉繫五。色界繫五。無色界繫五[214]

paṃca kāmappratisaṃyuktāḥ paṃca rū(24.5)papratisaṃyu(12.2)ktāḥ[215] paṃcārūpyapratisaṃyuktāḥ |[216]

4.1.24.4.1a	欲界繫五者	云何欲界繫五種	何等名爲欲界所繫五種慢徵廣

paṃca[217] kāmappratisaṃyuktāḥ katame ·

b	謂欲界繫見苦・集・滅・道・修所斷慢	謂欲界繫見苦所斷慢。欲界繫見集・滅・道・修道所斷慢	謂欲界〈所〉繫見苦所斷所有諸慢。欲界所繫見集・滅・道及修所斷所有諸慢

kāma(12.3)ppratisaṃyuktaḥ duḥkhadarśanapprahātavyo mānānuśayaḥ | kāmappratisaṃyuktaḥ (12.4) samudayanirodhamārgadarśanabhāvanāpprahātavyo mānānuśayaḥ

[209] Ms 11.3 °*ppratisaṃyuktaḥ*; Ms 24.3 *r*[*ū*]*pa*[*p*](*rat*)[*i*] ///.

[210] Ms (11.3) °*ppratisaṃyukta*.

[211] Ms 24.4 [*ka*]*ta*[*ra*]*ḥ*.

[212] Read 十五種徵廣。名慢徵廣 or 謂十五種徵廣.

[213] Presumably Ms 24.4 omits likewise *katame pañcadaśa* (PV$_{F}$ 云何爲十五), taking the expected number of akṣaras in the lacuna into account.

[214] Ex coni. H&P (= P.Chin. 2116) 无色繫五; P.Chin. 2073 id.

[215] Ms 12.1/2 °*pprat*[*i*]*sa*[*ṃ*]*yuktāḥ*; Ms 24.5 ///(*rū*)[*p*](*a*)*pratisaṃyuktā* ///.

[216] Ms 12.2 °*ppratisaṃyuktāḥ* |; Ms 24.5 ///[*pr*](*a*)*tisaṃyuktāḥ*.

[217] Ms 24.5 *pa*[*ñ*].. ///.

<table>
<tr><th></th><th>Prak$_H$</th><th>Prak$_G$</th><th>PV$_F$</th></tr>
<tr><td>4.1.24.4.2</td><td>色・無色界繫各五亦爾</td><td>如欲界繫五種。色・無色界繫亦如是</td><td>如欲〈界〉繫五。色界繫五。無[218]色〈界〉繫五。亦復如是</td></tr>
<tr><td></td><td colspan="3">yathā kāma(13.1)ppr(a)t(i)s(aṃ)yuktāḥ evaṃ rūpārūpyapratis(aṃyuktāḥ |)</td></tr>
<tr><td>4.1.24.4e</td><td>ø</td><td>如是十五種。名慢使</td><td>此十五種徽廣。名慢徽廣</td></tr>
<tr><td></td><td colspan="3">(itī)m(e) paṃcadaśānuśayāḥ (13.2) mānānuśaya ity ucyate ·</td></tr>
<tr><td>4.1.24.5a</td><td>無明隨眠</td><td>云何無明使</td><td>云何無明徽廣</td></tr>
<tr><td></td><td colspan="3">avidyānu(śayaḥ katama)ḥ</td></tr>
<tr><td>b</td><td>有十五種</td><td>有十五種</td><td>此十五種徽廣。名無明[219]徽廣[220]</td></tr>
<tr><td></td><td colspan="3">paṃcadaśānuśayā avidyā(13.3)nuśaya ity ucyate ·</td></tr>
<tr><td>c</td><td>ø</td><td>ø</td><td>何等〈爲〉十五</td></tr>
<tr><td></td><td colspan="3">ø</td></tr>
<tr><td>d</td><td>謂欲界繫五。色界繫五。無色界繫五</td><td>謂欲界繫五種。色界繫五種。無色界繫五種</td><td>謂欲〈界〉繫五。色界繫五。無[218]色〈界〉繫五</td></tr>
<tr><td></td><td colspan="3">paṃca kāmap(p)r(at)i(saṃyuktāḥ) paṃca rūpappratisaṃyuktāḥ (13.4) paṃcārūpyappratisaṃyuktāḥ ·</td></tr>
<tr><td>4.1.24.5.1a</td><td>欲界繫五者</td><td>云何欲界繫五種</td><td>云何名爲欲界所繫五種慢徽廣[221]</td></tr>
<tr><td></td><td colspan="3">paṃca kā(mapratisaṃyukt)āḥ katame ·</td></tr>
<tr><td>b</td><td>謂欲界繫見苦・集・滅・道・修所斷無明</td><td>謂欲界繫見苦所斷無明。欲界繫見集・滅・道・修道所斷無明</td><td>謂欲〈界〉所繫見苦所斷所有光明[222]。欲界所繫見集・滅・道及修所斷所有光明[222]</td></tr>
<tr><td></td><td colspan="3">kāmapprati(14.1)saṃyukt(o) duḥkhadarśanaprahātavyo ’vi(dyānuśayaḥ kāma)ppr(a)tis(aṃ)yuktaḥ samuda(14.2)yanirodhamārgadarśanabhāvanāpra(hātavyo ’vidyānu)ś(a)yaḥ</td></tr>
<tr><td>4.1.24.5.2</td><td>色・無色界繫各五亦爾</td><td>如欲界繫五種。色・無色界繫亦如是</td><td>如欲〈界〉繫五。色界繫五。無[218]色〈界〉繫五。亦復如是</td></tr>
</table>

[218] P.Chin. 2073 and 2116 无.

[219] T 爲無明. H&P 名无明 (= P.Chin. 2116; P.Chin. 2073 id.).

[220] Read 十五種徽廣。名無明徽廣 or 謂十五種徽廣.

[221] Wrongly for 無明徽廣.

[222] Wrongly for 无明.

	Prak$_H$	Prak$_G$	PV$_F$
	yathā kāmapratisaṃ(14.3)yuktāḥ evaṃ rūpārūpyapratisaṃy(uktāḥ ǀ)		
4.1.24.5e	ø	如是十五種。名無明使	此十五種徽廣。名無[218]明徽廣
	(itīme paṃ)cadaśānuśayā avidyānu(14.4)(śa)ya ity (u)cyate ·		
4.1.24.6a	見隨眠	云何見使	云何見徽廣
	dṛṣṭy(a)nuśayaḥ katam(aḥ ǀ)		
b	有三十六種	有三十六種	謂三十六〈種〉徽廣。名見徽廣[223]
	(ṣaṭtriṃśad anu)ś(a)yā dṛṣṭy(a)nuśaya ity ucyate ·		
c	ø	ø	何等爲三十六
	(katame ṣaṭtriṃśat* ǀ)		
d	謂欲界繫十二。色界繫十二。無色界繫十二	謂欲界繫十二種。色界繫十二種。無色界繫十二種	謂欲〈界〉繫十二。色〈界〉繫十二。無[218]色〈界〉繫十二
	(dvādaśa kāmapratisaṃyuktāḥ dvādaśa rūpapratisaṃyuktāḥ dvādaśārūpyapratisaṃyuktāḥ ·)		
4.1.24.6.1a	欲界繫十二者	云何欲界繫十二種	何等名爲欲界所繫十二見徽廣
	(dvādaśa kāmapratisaṃyuktāḥ katame ǀ)		
b	謂欲界繫有身見・邊執見。見苦・道所斷邪見・見取・戒禁取。見集・滅所斷邪見・見取	謂欲界繫見苦所斷身見・邊見・邪見・見取・戒取。欲界繫見集所斷邪見・見取。欲界繫見滅所斷邪見・見取。欲界繫見道所斷邪見・見取・戒取	謂欲界〈所〉繫身見・邊見。欲界所繫見苦所斷所有[224–]邪見。見取・戒禁取。欲界所繫見集所斷所有[–224]邪見。及以見取。欲界所繫見滅所斷所有邪見。及以見取。欲界所繫見道所斷所有邪見。及以見取・執禁戒取[225]
	(*no parallel*)		
4.1.24.6.2	色・無色界繫各十二亦爾	如欲界繫十二種。色・無色界繫亦如是	如欲界所繫十二。色〈界〉繫十二。無[218]色〈界〉繫十二。亦復如是

[223] Read 謂三十六種徽廣 or 三十六種徽廣。名見徽廣.

[224–224] T om. Supplemented according to P.Chin. 2073 and 2116.

[225] P.Chin. 2073 執戒禁取.

<table>
<tr><th></th><th>Prak$_H$</th><th>Prak$_G$</th><th>PV$_F$</th></tr>
<tr><td></td><td colspan="3">(yathā kamapratisaṃyuktā evaṃ rūpārūpyapratisaṃyuktāḥ |)</td></tr>
<tr><td>4.1.24.6e</td><td>ø</td><td>如是三十六種。名見使</td><td>此三十六〈種〉徵廣。名見徵廣</td></tr>
<tr><td></td><td colspan="3">(ime ṣaṭtriṃśad anuśayā dṛṣṭyanuśaya ity ucyate |)</td></tr>
<tr><td>4.1.24.7a</td><td>疑隨眠</td><td>云何疑使</td><td>云何疑徵廣</td></tr>
<tr><td></td><td colspan="3">(vicikitsānuśayaḥ katamaḥ |)</td></tr>
<tr><td>b</td><td>有十二種</td><td>有十二種</td><td>十二種徵廣。名疑徵廣</td></tr>
<tr><td></td><td colspan="3">(dvādaśānuśayā vicikitsānuśaya ity ucyate |)</td></tr>
<tr><td>c</td><td>ø</td><td>ø</td><td>何等〈爲〉十二</td></tr>
<tr><td></td><td colspan="3">(katame dvādaśa |)</td></tr>
<tr><td>d</td><td>謂欲界繫四。色界繫四。無色界繫四</td><td>謂欲界繫四種。色界繫四種。無色界繫四種</td><td>謂欲〈界〉繫四。色界繫四。無[218]色〈界〉繫四</td></tr>
<tr><td></td><td colspan="3">(catvāraḥ kāmapratisaṃyuktāḥ catvāro rūpapratisaṃyuktāḥ catvāra ārūpyaprati-saṃyuktāḥ ·)</td></tr>
<tr><td>4.1.24.7.1a</td><td>欲界繫四者</td><td>云何欲界繫四種</td><td>云何名爲欲界所繫四疑徵廣</td></tr>
<tr><td></td><td colspan="3">(catvāraḥ kāmapratisaṃyuktāḥ katame |)</td></tr>
<tr><td>b</td><td>謂欲界繫見苦・集・滅・道所斷疑</td><td>謂欲界繫見苦所斷疑。欲界繫見集・滅・道所斷疑</td><td>謂欲界〈所〉繫見苦〈所〉斷〈所有諸〉疑。欲界所繫見集・滅・道所斷〈所有〉諸疑</td></tr>
<tr><td></td><td colspan="3">(kāmapratisaṃyukto duḥkhadarśanaprahātavyo vicikitsānuśayaḥ | kāmapratisaṃyuktaḥ samudayanirodhamārgadarśanaprahātavyo vicikitsānuśayaḥ |)[226]</td></tr>
<tr><td>4.1.24.7.2</td><td>色・無色界繫各四亦爾</td><td>如欲界繫四種。色・無色界繫亦如是</td><td>如欲界繫〈四〉。色界繫四。無[218]色〈界〉繫四。亦復如是</td></tr>
<tr><td></td><td colspan="3">(yathā kamapratisaṃyuktā evaṃ rūpārūpyapratisaṃyuktāḥ |)</td></tr>
<tr><td>4.1.24.7e</td><td>ø</td><td>如是十二種。名疑使</td><td>此十二種徵廣。名疑徵廣</td></tr>
<tr><td></td><td colspan="3">(ime dvādaśānuśayā vicikitsānuśaya ity ucyate |)</td></tr>
<tr><td>4.1.24e</td><td>ø</td><td>ø</td><td>故說名徵廣</td></tr>
<tr><td></td><td colspan="3">(ima ucyante ’nuśayāḥ |)[227]</td></tr>
</table>

[226] Cf. Vibh$_H$ 268 c6–9 疑結有四種。或見苦所斷乃至或見道所斷。問: 何故無有修所斷疑。答: 未見事時。心有猶豫。見彼事已。猶豫即除故。無有疑是修所斷.

[227] Cf. above 4.1.24a *anuś(ayāḥ katamāḥ* |).

	Prak$_H$	Prak$_G$	PV$_F$
4.1.25a	隨煩惱云何	云何煩惱上煩惱	言諸隨煩惱者
	(upakleśāḥ katamāḥ |)		
b	謂諸隨眠。亦名隨煩惱	所謂煩惱。即是上煩惱	所有徽廣。彼則名爲諸隨煩惱
	(yas tāvad anuśaya upakleśo 'pi saḥ |)		
c	有隨煩惱。不名隨眠。謂除隨眠。諸餘染污行蘊	復有上煩惱非煩惱。謂除煩惱。若餘染污行陰	有是隨煩惱非徽廣。謂除徽廣。餘心所生染污行蘊
	(syāt tūpakleśo nānuśayaḥ | ye 'py anya 'nuśayebhyaḥ kliṣṭā dharmāḥ saṃskāraskandhasaṃgṛhītāś caitasikās ta upakleśāḥ |)[228]		
4.1.26a	心所纏	云何纏	纏繞安住者
	(paryavasthānāni katamāni |)		
b	有八種	有八纏	謂八種纏繞安住
	(aṣṭau paryavasthānāni |)[229]		
c	ø	ø	云何爲八
	(katamāny aṣṭau |)		
d	謂惛沈。掉舉。睡眠。惡作。嫉。慳。無慚。無愧	謂睡。眠[230]。掉。悔[230]。慳。嫉。無慚。無愧	一惛沈。二睡眠。三掉舉[231]。四惡作。五疾[232]妬。六慳悋。七無[218]慚。八無[218]愧
	(styānaṃ middham auddhatyaṃ kaukṛtyam īrṣyā mātsaryam āhrīkyam anapatrāpyam* |)[229]		

[228] Cf. Abhidh-k-bh(P) 312.7 f. *ye 'py anye kleśebhyaḥ kliṣṭā dharmāḥ saṃskāraskandhasaṃgṛhītāś caitasikās ta upakleśās*. T 1605, XXXI 677 b1 ff. 隨煩惱者。謂所有諸煩惱皆是隨煩惱。有隨煩惱非煩惱。謂除煩惱。所餘染污行蘊所攝一切心所法。此復云何。謂除貪等六煩惱。所餘染污行蘊所攝忿等諸心所法. ASbh 58.1 f. *ṣaḍ rāgādīn kleśān sthāpayitvā tadanyaḥ kliṣṭaś caitasikaḥ saṃskāraskandhaḥ krodhādiko veditavyaḥ*.

[229] Cf. YBh(Bh) 169.3 f. *paryavasthānānīty aṣṭau paryavasthānāni | āhrīkyam anapatrāpyaṃ styāna(ṃ) middham auddhatyaṃ kaukṛtyam īrṣyā mātsaryaṃ*; MuPSk 54 r4 *paryavasthānāni daśa | styānaṃ middham auddhatyaṃ kaukṛtyam īrṣyā mātsaryam āhrīkyam anapatrāpyaṃ krodho mrakṣaś ca*.

[230] Abhidh-k-bh$_H$ 109 b16 ff. 纏八無慚愧。嫉慳并悔眠。及掉舉惛沈 ... 然品類足說有八纏 ... 無慚。無愧 ... 嫉 ... 慳 ... 悔即惡作 ... 眠謂令心昧略爲性 ... 掉舉。惛沈. Abhidh-k-bh(P) 312.10 ff. *Prakaraṇaśāstre tu āhrīkyam anapatrāpyam īrṣyā mātsaryam uddhavaḥ | kaukṛtyaṃ styānamiddhaṃ ca paryavasthānam aṣṭadhā ... tatrāhrīkyānapatrāpye ... īrṣyā ... mātsaryam ... auddhatyaṃ ... kaukṛtyaṃ styānaṃ ... middham*; Abhidh-k-bh$_P$ 262 c14 ff. 於分別道理論說。無羞及無慚。妬悋及掉起。憂悔疲弱睡。倒起惑有八 ... 無羞。無慚 ... 嫉妬 ... 慳悋 ... 掉起。憂悔。疲弱 ... 睡. Cf. Prak(Im) 19.

[231] H&P 悼舉 (= P.Chin. 2116; P.Chin. 2073 id.).

[232] Instead of 嫉.

<table>
<tr><th></th><th>Prak_H</th><th>Prak_G</th><th>PV_F</th></tr>
<tr><td>e</td><td>ø</td><td>ø</td><td>是故說名纏繞安住</td></tr>
<tr><td></td><td colspan="3">(imāny ucyante paryavasthānāni |)</td></tr>
<tr><td>4.2.1a</td><td>諸所有智者</td><td>云何智</td><td>言知[233]者</td></tr>
<tr><td></td><td colspan="3">(jñānaṃ katamat* |)[234]</td></tr>
<tr><td>b</td><td>有十智</td><td>有十智</td><td>謂十種智</td></tr>
<tr><td></td><td colspan="3">(daśa jñānāni |)[235]</td></tr>
<tr><td>c</td><td>ø</td><td>ø</td><td>何等爲十</td></tr>
<tr><td></td><td colspan="3">(katamāni daśa |)</td></tr>
<tr><td>d</td><td>謂法智。類智。他心智。世俗智。苦智。集智。滅智。道智。盡智。無生智[235]</td><td>謂法智。比智。知他心智。等智。苦智。集智。滅智。道智。盡智。無生智</td><td>一法智。二隨類智。三他心智。四世俗智。五苦智。六集智。七滅智。八道智。九盡智。十無生智</td></tr>
<tr><td></td><td colspan="3">(dharmajñānam anvayajñānaṃ paracittajñānaṃ saṃvṛtijñānaṃ duḥkhajñānaṃ samudayajñānaṃ nirodhajñānaṃ mārgajñānaṃ kṣayajñānam anutpādajñānam* |)[235]</td></tr>
<tr><td>4.2.1.1a</td><td>法智云何</td><td>云何法智</td><td>云何法智</td></tr>
<tr><td></td><td colspan="3">(dharmajñānaṃ katamat* |)[236]</td></tr>
<tr><td>b</td><td>謂緣欲界繫諸行・諸行因・諸行滅・諸行能斷道諸無漏智</td><td>謂知欲界繫行苦無漏智。知欲界繫行因無漏智。知欲界繫行滅無漏智。知斷欲界繫行道無漏智</td><td>謂欲〈界〉繫諸行了[237]無漏智。欲〈界〉繫〈諸〉行因〈中〉無漏諸智[238]。欲〈界〉繫〈諸〉行滅〈中〉無[218]漏諸智[238]。欲界繫〈諸〉行斷道之中無[218]漏諸智[238]</td></tr>
<tr><td></td><td colspan="3">(kāmapratisaṃyukteṣu samskāreṣu yad anāsravaṃ jñānam* | kāmapratisaṃyuktā)(21.a)nā(ṃ) s(aṃ)skār(ā)ṇ(āṃ hetau yad anāsravaṃ jñānam* | kāmapratisaṃyuktānāṃ saṃskārāṇāṃ nirodhe yad anāsravaṃ jñānam* | kāmapratisaṃyuktānaṃ saṃskārāṇāṃ prahāṇāya mārge yad anāsravaṃ jñānam* |)[236/239]</td></tr>
</table>

---

[233] Wrongly for 智.

[234] Cf. above § II.3, 4.2 *yat kiñ ci(j jñānaṃ).*

[235] Dhsgr § 93 *daśa jñānāni | tadyathā || duḥkhajñānaṃ samudayajñānaṃ nirodhajñānaṃ mārgajñānaṃ dharmajñānam anvayajñānaṃ saṃvṛtijñānaṃ paracittajñānaṃ kṣayajñānam anutpādajñānaṃ ceti*; MuPSk 55 v2 f. *jñānāni dvādaśa | duḥkha-samudaya-nirodha-mārga-kṣayānutpāda-dharmānvaya-paracitta-saṃvṛti-parijaya-yathārutajñānāni*. Cf. also Mvy 1233–1243; Lamotte, Traité, pp. 1466 ff.

[236] Cf. Abhidh-k-vy 616.29 ff. (= Abhidh-k-vy(Pā) [77]); Abhidh-k VII 13.

[237] Wrongly for 諸行之中.

[238] Instead of 無漏智.

[239] Abhidh-k-vy adds *idam ucyate dharmajñānam* |*.

<table>
<tr><th></th><th>Prak_H</th><th>Prak_G</th><th>PV_F</th></tr>
<tr><td>c</td><td>復有緣法智。及法智地諸無漏智</td><td>復次法智。亦緣法智地無漏智</td><td>復次法智・法智地中無[218]漏諸智[238]</td></tr>
<tr><td></td><td colspan="3">(21.b) api khalu dharmajñāne (dharmajñānabhūmau ca yad anāsravaṃ jñānam* |)[236]</td></tr>
<tr><td>d</td><td>亦名法智</td><td>是名法智</td><td>此名法智</td></tr>
<tr><td></td><td colspan="3">(idam ucyate dharmajñānam* |)[236]</td></tr>
<tr><td>4.2.1.2a</td><td>類智云何</td><td>云何比智</td><td>云何隨類智</td></tr>
<tr><td></td><td colspan="3">(anvayajñānaṃ katamat * |)[236]</td></tr>
<tr><td>b</td><td>謂緣色・無色界繫諸行・諸行因・諸行滅・諸行能斷道諸無漏智</td><td>謂知色・無色界繫行苦無漏智。知色・無色界繫行因無漏智。知色・無色界繫行滅無漏智。知斷色・無色界繫行道無漏智</td><td>〈謂〉色・無[218]色〈界〉繫諸行之中無[218]漏諸智[238]。色・無[218]色〈界〉繫諸行目[240]中無[218]漏諸智。色・無[218]色〈界〉繫行滅之中[241]無[218]漏諸智[238]。色・無[218]色〈界〉繫〈諸〉行斷道〈之〉中無[218]漏諸智[238]</td></tr>
<tr><td></td><td colspan="3">(rūpārūpyapratisaṃyukteṣu saṃskāresu yad anāsravaṃ jñānam* | rūpārūpyaprati)(21.c)(sa)ṃy(ukt)ānāṃ (saṃ)(15.1)sk(ā)r(ā)ṇā(ṃ) hetau yad anāsravaṃ jñāna(m* | rūpārūpyapratisaṃyuktānāṃ saṃskāranaṃ nirodhe yad a)(15.2)(n)āsravaṃ jñānaṃ · rūpārūpyaprati(saṃyuktānāṃ saṃskārāṇāṃ prahāṇāya mā)(15.3)(r)g(e) y(a)d anāsravaṃ jñānam*[236]</td></tr>
<tr><td>c</td><td>復有緣類智。及類智地諸無漏智</td><td>復次比智。亦緣比智地無漏智</td><td>復次隨所了智[242]・隨了地[243]中無[218]漏諸智[238]</td></tr>
<tr><td></td><td colspan="3">api khalv a(nvayajñāne ’nvayajñānabhūmau ca yad anāsravaṃ) (15.4) j(ñ)ānam</td></tr>
<tr><td>d</td><td>亦名類智</td><td>是名比智</td><td>此等名爲隨類智</td></tr>
<tr><td></td><td colspan="3">idam ucyate anvayajñānam iti · ||[236]</td></tr>
<tr><td>4.2.1.3a</td><td>他心智云何</td><td>云何知他心智</td><td>云何他心智</td></tr>
<tr><td></td><td colspan="3">(paracittajñānaṃ katamat* |)</td></tr>
<tr><td>b</td><td>謂[244]若智修所成。是修果。依止修。已得不失[244]。智[245]欲・色界繫。和合現前他</td><td>謂若智修果修得不失。知欲界・色界他眾生現在心心法。亦知無漏心・心法</td><td>從修生智。所修之果。依於所修。所得無[218]退。以其智慧。了欲〈界〉所行及</td></tr>
</table>

[240] Read 因 with H&P (P.Chin. 2073 and 2116 目).

[241] Instead of 諸行滅中.

[242] Wrongly for 隨類智?

[243] Wrongly for 隨類智地?

[244]–[244] Vibh_H 512 b15 ff. 若智修所成者。謂修所成慧爲自性故。是修果者。謂是四支五支靜慮果故。依止修者。謂依數習而成就故。已得不失者。已證得不捨故.

[245] V.l. 知.

	Prak$_H$	**Prak$_G$**	**PV$_F$**
	心・心所。及一分無漏他心・心所		色〈界〉所行似他心・心法。證得現前了無漏法一分
	(16.1) /// (bhā)v(a)nāphalaṃ bhāvanām āgamya ppr(a)ti /// + + + + + + + + + + + + + (16.2) /// (kāmarūpā)vacarān samavahitān saṃmukhībhūtā /// + + + + + + + + + + + + + + + + + (16.3) /// .. vān		
c	皆名他心智	是名知他心智	此等名爲了他心智[246]
	idam ucyate paracittajñānaṃ ‖		
4.2.1.4a	世俗智云何	云何等智	云何世俗智
	(saṃvṛtijñānaṃ katamat* |)		
b	謂諸有漏慧	謂有漏慧	謂有漏智
	(yat sāsravaṃ tat saṃvṛtijñānam* |)[247]		
c	ø	是名等智	此名世俗智
	(idam ucyate) (16.4) s(a)ṃv(ṛ)tijñānam*		
4.2.1.5a	苦智云何	云何苦智	云何苦智
	duḥkhajñānaṃ (katamat* |)[236]		
b	謂於五取蘊。思惟非常・苦・空・非我所起無漏智	謂無漏智。思惟五受陰。無常・苦・空・非我	於五取蘊。了無[218]常性。苦性。空性。無[218]我之性。作意所生無[218]漏之智
	(pañcopādānaskandhān anityato duḥkhataḥ śūnyato ’nātmataś ca manasikurvato yad anāsravaṃ jñānam* |)[236]		
c	ø	是名苦智	此名苦智
	(idam ucyate duḥkhajñānam* |)[236]		
4.2.1.6a	集智云何	云何集智	云何集智
	(samudayajñānaṃ katamat* |)[236]		
b	謂於有漏因思惟因・集・生・緣所起無漏智	謂無漏智。思惟有漏因因・集・有・緣	於有漏因而起因・集・生・緣作意〈所生〉無[218]漏之智
	(sāsravahetuṃ[248] hetutaḥ samudayataḥ prabhavataḥ pratyayataś ca manasikurvato yad anāsravaṃ jñānam* |)[236]		

[246] Instead of 此等名爲他心智.

[247] Cf. Abhidh-k-bh(P) 392.1.

[248] Abhidh-k-vy 617.15 *sāsravaṃ hetukaṃ*; Abhidh-k VII 13, note 2 *sāsravahetukaṃ*. Cf. Abhidh-k VI 122 f., note 3.

<table>
<tr><th></th><th>Prak$_H$</th><th>Prak$_G$</th><th>PV$_F$</th></tr>
<tr><td>c</td><td>ø</td><td>是名集智</td><td>此名集智</td></tr>
<tr><td></td><td colspan="3">(idam ucyate samudayajñānam* |)[236]</td></tr>
<tr><td>4.2.1.7a</td><td>滅智云何</td><td>云何滅智</td><td>云何滅智</td></tr>
<tr><td></td><td colspan="3">(nirodhajñānaṃ katamat* |)[236]</td></tr>
<tr><td>b</td><td>謂於擇滅思惟滅・靜・妙・離所起無漏智</td><td>謂無漏智。思惟滅滅・止・妙・離</td><td>謂於滅中起滅・靜・妙・出離作意〈所生〉無[218]漏之智</td></tr>
<tr><td></td><td colspan="3">(nirodhaṃ nirodhataḥ śāntataḥ praṇītato niḥsaraṇataś ca manasikurvato yad anāsravaṃ jñānam* |)[236]</td></tr>
<tr><td>c</td><td>ø</td><td>是名滅智</td><td>此名滅智</td></tr>
<tr><td></td><td colspan="3">(idam ucyate nirodhajñānam* |)[236]</td></tr>
<tr><td>4.2.1.8a</td><td>道智云何</td><td>云何道智</td><td>云何道智</td></tr>
<tr><td></td><td colspan="3">(mārgajñānaṃ katamat* |)[236]</td></tr>
<tr><td>b</td><td>謂於聖道思惟道・如・行・出所起無漏智</td><td>謂無漏智。思惟道道・如・跡・乘</td><td>謂於道中起於道[249]・如・行・出作意〈所生〉無[218]漏之智</td></tr>
<tr><td></td><td colspan="3">(margaṃ mārgato nyāyataḥ pratipattito nairyāṇikataś ca manasikurvato yad anāsravaṃ jñānam* |)[236]</td></tr>
<tr><td>c</td><td>ø</td><td>是名道智</td><td>此名道智</td></tr>
<tr><td></td><td colspan="3">(idam ucyate mārgajñānam* |)[236]</td></tr>
<tr><td>4.2.1.9a</td><td>盡智云何</td><td>云何盡智</td><td>云何盡智</td></tr>
<tr><td></td><td colspan="3">(kṣayajñānaṃ katamat* |)[250]</td></tr>
<tr><td>b</td><td>謂自遍知。我已知苦。我已斷集。我已證滅。我已修道</td><td>謂我已知苦。我已斷集。我已證滅。我已修道</td><td>謂自遍[251]了知。若自知[251]斷集。自知證滅。自知修道</td></tr>
<tr><td></td><td colspan="3">(duḥkhaṃ me parijñātam iti jānāti | samudayaḥ prahīṇaḥ[252] nirodhaḥ sākṣātkṛ)(22.a)t(aḥ)[252] m(ā)rg(o bhāvita iti jānāti |)[250]</td></tr>
<tr><td>c</td><td>由此而起智・見・明・覺・解・慧・光・觀</td><td>於彼起智・見・明・覺・慧・無間等</td><td>以爲其因。知・見・覺・慧・了知分明・現前證得</td></tr>
</table>

249 Read 起道.

250 Cf. Abhidh-k-bh(Pā) [458]; Prak(Im) 19 f.

251 Raed with H&P 了知苦。自知. Mss do not make a distinction between 苦 and 若.

252 Supposedly thus in Ms (22.a) without Sandhi.

	Prak$_H$	**Prak$_G$**	**PV$_F$**
	(tad upādāya yad jñānaṃ darśanaṃ vidyā buddhir bodhiḥ prajñā āloko 'bhisamayaḥ |)[250/253]		
d	皆名盡智	是名盡智	此名盡智
	(idam ucyate kṣayajñānam* |)[250/253]		
4.2.1.10a	無生智云何	云何無生智	云何無[218]生智
	(anutpādajñānaṃ katamat* |)[254]		
b	謂自遍知。我已知苦。不復當知。我已斷集。不復當斷。我已證滅。不復當證。我已修道。不復當修	謂我已知苦。不復當知。我已斷集。不復當斷。我已證滅。不復當證。我已修道。不復當修	謂自遍了知諸苦故。更無[218]可知之智。自斷集故。更無[218]可斷之智。自證滅故。更無可證之智。自修道故。更無可修之智
	(duḥkhaṃ me parijñā)(22.b)taṃ na pun(a)ḥ parijñeyam i(ti jānāti samudayaḥ prahīṇo na punaḥ prahātavya iti jānāti nirodhaḥ sākṣātkṛto na punaḥ sākṣātkartavya iti jānāti mārgo bhāvito na punar bhāvayitavya iti) (22.c) (j)ānāti[254]		
c	由此而起智・見・明・覺・解・慧・光・觀	於彼起智・見・明・覺・慧・無間等	以爲其因。知・見・覺・慧・了知分明・現前證得
	tad upādā(ya yad jñānaṃ darśanaṃ vidyā buddhir bodhiḥ prajñā āloko 'bhisamayaḥ |)[254]		
d	皆名無生智	是名無生智	此名無[218]生智
	(idam ucyate 'nutpādajñānam* |)[254]		
e	ø	復次我欲漏已盡。是名盡智。不復當生。是名無生智	ø
	(*no parallel*)		
f	ø	我有漏無明漏已盡。是名盡智。不復當生。是名無生智	ø
	(*no parallel*)		
4.2.2a	諸所有見者	云何見	言見者
	(*not preserved*)[255]		
b	且諸智亦名見	謂智即是見	雖則彼智。亦是其見

---

[253] Abhidh-k-bh(P) 394.8 f. *tad upādāya yat jñānaṃ ... āloko 'bhisamaya-m-idam ucyate kṣayajñānam** |.

[254] Cf. Abhidh-k-bh(Pā) [458]; Prak(Im) 19 f. Cf. further Abhidh-k-vy 600.11 ff.

[255] Cf. above § II.3, 4.2 (*yat kiṃ cid da)rśanaṃ*.

	Prak$_H$	Prak$_G$	PV$_F$
	(yat tāvaj jñānaṃ darśa)(17.1)n(a)m api tat*[256]		
	有見非智。諸八現觀邊忍	或有見非智。所謂八無間忍	亦復有見。非即是智。從現觀邊所生八忍
	syāt tu darśanaṃ na jñānaṃ aṣṭ(āv ābhisamayāntikāḥ kṣāntayaḥ |)[256/ 257]		
d	一苦法智忍。二苦類智忍。三集法智忍。四集類智忍。五滅法智忍。六滅類智忍。七道法智忍。八道類智忍	謂苦法忍。苦比忍。集法忍。集比忍。滅法忍。滅比忍。道法忍。道比忍	謂知苦法忍。知苦隨類忍。知集法忍。知集隨類忍。知滅法忍。知滅隨類忍。知道法忍。知道隨類忍
	(duḥkhe dharmajñā)(17.2)nakṣāntir duḥkhe 'nvayajñānakṣāntiḥ sam(udaye dharmajñānakṣāntiḥ samudaye 'nvayajñānakṣānti)(17.3)ḥ nirodhe dharmajñānakṣāntiḥ niro(dhe 'nvayajñānakṣāntir mārge dharmajñānakṣāntir mārge 'nva)(17.4)yajñānakṣāntiḥ		
e	ø	是名見	故說名見
	ø		
4.2.3	諸所有現觀者。若智若見。俱名現觀	若智若見。即是無間等	言所有現觀者。即彼知・見。亦是現觀
	yaḥ kaś cid[258] abhis(amayaḥ) + + + + + + + + + + + + + + + +		
	ø	ø	是故說爲現觀
	ø		
II.iv(B) 4.1.1a	得云何	云何得	云何爲得
	(18.1) prāptiḥ katamā[259]		
b	謂得諸法	謂得法	謂諸法所獲
	dharmāṇāṃ pratilābha(ḥ |)[259]		
4.1.2a	無想定云何	云何無想定	云何無[218]想等至
	(asaṃjñasamāpattiḥ katamā |)[260]		

256 Abhidh-k-vy 615.14 ff. (= Abhidh-k-vy(Pā) [76]) *uktaṃ śāstre yat tāvaj jñānaṃ darśanam api tat. syāt tu darśanaṃ na jñānam aṣṭāv ābhisamayāntikāḥ kṣāntayaḥ*; Abhidh-k-bh(P) 394.13 f. (= Abhidh-k-bh(Pā) [459]) *ata evoktaṃ yāvat* jñānaṃ darśanam api tad iti.*

257 MuPSk 55 v3 *kṣāntayo 'ṣṭau duḥkhe dharmajñānakṣāntyādayaḥ | ity uktāś cittasaṃprayuktāḥ saṃskārāḥ.*

258 Ms (17.4) *cit.* Cf. § II.iii 4.2, above.

259 Cf. BauddhaK I 156 ff.; II 215 ff.; IV 232 ff.; V 71 f.

260 AS(G) 18.23 ff.; AS(P) 10.19 ff.; AS-vy(L) 18 v1 f. *asaṃjñisamāpattiḥ katamā | śubhakṛtsnavītarāgasyopary* (AS-vy(L) *°rāgasya upary*) *avītarāgasya niḥsaraṇasaṃjñāpūrvakeṇa*

	Prak$_{H}$	**Prak**$_{G}$	**PV**$_{F}$
b	謂已離遍淨染。未離上染。出離想作意爲先。心・心所滅	謂遍淨天離欲。上地未離欲。作出要想思惟先方便。心及心法滅	謂已離遍淨貪。未離上貪。由出離想作意爲先。心・心法滅爲性
	(śubhakṛtsnavītarā)(18.2)g(a)sya upary avītarāgasya niḥsa(raṇasaṃjñāpūrvakeṇa manasikāreṇa cittacai)(18.3)tasikānāṃ dharmmāṇāṃ nirodhaḥ ·[260]		
c	ø	是名無想定	ø
	ø		
4.1.3a	滅定云何	云何滅盡定	云何滅盡等至
	ni(rodhasamāpattiḥ katamā |)[261]		
b	謂已離無所有處染。止息想作意爲先。心・心所滅	謂無所有處離欲。上地未離欲。作止息想先方便。心及心法滅	謂已離無[218]所有處貪。由止息想作意爲先。心・心法滅爲性
	(ākiñcanyāyatanavītarāgasya śāṃ)(18.4)tavihārasaṃjñāpū(rva)keṇa manasik(āreṇa cittacaitasikānāṃ dharmāṇāṃ ni)(19.1)rodhaḥ[261]		
c	ø	是名滅盡定	ø
	ø		
4.1.4a	無想事云何	云何無想天	云何無想所有
	āsaṃjñikaṃ katarat*[262]		

(AS-vy(L) °*pūrvva*°) *manasikāreṇāsthāvarāṇāṃ cittacaitasikānāṃ dharmāṇāṃ nirodhe* (AS-vy(L) Ms °*ai*) *asaṃjñisamāpattir iti prajñaptiḥ*; MuPSk 56 r1 *asaṃjñisamāpattiḥ śubhakṛtsnavītarāgasyopary avītarāgasya niḥśaraṇasaṃjñāpūrvakeṇa manasikāreṇa yaś cittacaittānāṃ dharmāṇāṃ nirodhaḥ*; PSk A4.2.2 *asaṃjñisamāpattiḥ katamā* | *śubhakṛtsnavītarāgasya nordhvaṃ niḥsaraṇasaṃjñāpūrvakeṇa manasikāreṇāsthāvarāṇāṃ cittacaitasikānāṃ dharmāṇāṃ yo nirodhaḥ*; Tvbh 106.1 ff. *asaṃjñisamāpattiḥ* | *tṛtīyād dhyānād vītarāgasyordhvam avītarāgasya niḥsaraṇasaṃjñāpūrvakeṇa manasikāreṇa manovijñānasya tatsaṃprayuktānāñ ca caittānāṃ yo nirodhaḥ*. Cf. further BauddhaK I 167 ff.; II 228 ff.; IV 246 ff.; V 79 f.

261 AS(G) 18.25 ff.; AS(P) 10.21 ff.; AS-vy(L) 18 v4 f. *nirodhasamāpattiḥ katamā* | *ākiñcanyāyatanavītarāgasya bhavāgrāt calitasya śāntavihārasaṃjñāpūrvakeṇa* (AS-vy(L) °*vītarāgasya vihārasaṃjñāpūrvvakeṇa*) *manasikāreṇāsthāvarāṇāṃ* (AS-vy(L) °*eṇa asthāvarāṇāñ*) *cittacaitasikānāṃ dharmāṇāṃ* (AS-vy(L) *cittacaitasikānān tadekatyānāñ* [ed. *tad ek*°] *ca sthāvarāṇāṃ* [ed. °*āṇaṃ*]) *nirodhe nirodhasamāpattir iti prajñaptiḥ* (cf. AS-vy(L) 18 v6 *tadekatyānāñ ca sthāvarāṇām iti kliṣṭamanaḥ saṅgṛhītānām*); PSk A4.2.3 *nirodhasamāpattiḥ katamā* | *ākiñcanyāyatanavītarāgasya bhavāgrād uccalitasya śāntavihārasaṃjñāpūrvakeṇa manasikāreṇāsthāvarāṇām ekatyānāṃ ca sthāvarāṇāṃ cittacaitasikānāṃ dharmāṇāṃ yo nirodhaḥ*; Tvbh 106.7 ff. *nirodhasamāpattir ākiñcanyāyatanavītarāgasya śāntavihārasaṃjñāpūrvakeṇa manasikāreṇa sasaṃprayogasya manovijñānasya kliṣṭasya ca manaso yo nirodhaḥ*; MuPSk 56 r1 *nirodhasamāpattir ākiñcanyāyatanavītarāgasya mokṣavihārasaṃjñāpūrvakeṇa manasikāreṇa yaś cittacaitasikānāṃ dharmāṇāṃ nirodhaḥ*. Cf. further BauddhaK I 170 ff.; II 233 ff.; IV 250 ff.; V 81 ff.

262 AS(G) 18.27 ff.; AS(P) 11.2 ff.; AS-vy(L) 19 r1 *āsaṃjñikaṃ katamat** | *asaṃjñisattveṣu*

	$Prak_H$	$Prak_G$	PV_F
b	謂生無想有情天中。心・心所滅	謂眾生生無想天。心及心法滅	謂生無[218]想有情天中。心・心法滅爲性
	asaṃjñasatveṣūpa(pannasya cittacaitasi)(19.2)k(ānāṃ dhar)m(āṇāṃ nir)odhaḥ |[262]		
c	ø	是名無想天	ø
	ø		
4.1.5a	命根云何	云何命根	云何命根
	jīvitendriyaṃ katarat*[263]		
b	謂三界壽	謂三界壽	謂三界壽
	traidhātukam āy(uḥ |)[263]		
4.1.6a	眾同分云何	云何種類	云何眾同分
	(nikāyasaha)(19.3)bhāgaḥ katamaḥ[264]		
b	謂有情同類性	謂眾生種類	謂諸有情自類相似
	satvasabhāgatā[264]		
4.1.7a	依得云何	云何處得	云何得處所
	sthānapratilābhaḥ katamaḥ		
b	謂得所依處	謂得方處	謂獲諸境
	(deśapratilābhaḥ)[265]		
4.1.8a	事得云何	云何事得	云何得事
	(vastupra)(19.4)tilābhaḥ katamaḥ[266]		
b	謂得諸蘊	謂得陰	謂獲諸蘊

(AS-vy(L) °*satveṣu*) *deveṣūpapannasyāsthāvarāṇāṃ* (AS-vy(L) °*āñ*) *cittacaitasikānāṃ dharmāṇāṃ nirodhe āsaṃjñikam iti prajñaptiḥ*; PSk A4.2.4 *āsaṃjñikaṃ katamat** | ... *asaṃjñisattveṣu deveṣūpapannasyāsthāvarāṇāṃ cittacaitasikānāṃ dharmāṇāṃ yo nirodhaḥ*; Abhidh-k-bh(P) 68.13 *asaṃjñisattveṣu deveṣūpapannānāṃ yaś cittacaittānāṃ nirodhas tad āsaṃjñikaṃ*; Tvbh 104.19 f.; MuPSk 56 r1 f. *āsaṃjñikam* [...] *asaṃjñisattveṣu deveṣūpapannasya yaś cittacaitasikānāṃ dharmāṇāṃ nirodhaḥ*. Cf. further BauddhaK I 164 ff.; II 238 ff.; IV 242 ff.; V 84 f.

[263] Abhidh-k-bh(Pā) [54] *jīvitendriyaṃ katamat** | *traidhātukam āyur iti*; Abhidh-d(Pā) [9] *jīvitendriyaṃ katarat** | *traidhātukam āyuḥ iti*; MuPSk 56 r2 *jīvitendriyaṃ traidhātukam āyuḥ*; cf. Prak(Im) 21. Cf. further BauddhaK I 173 f.; II 219 ff.; IV 254 ff.; V 73 f.

[264] Abhidh-k-bh(P) 67.11 ff. *keyaṃ sabhāgatā* | *sabhāgatā sattvasāmyaṃ sabhāgatā nāma dravyam** | *sattvānāṃ sādṛśyaṃ nikāyasabhāga ity asyāḥ śāstre saṃjñā*; MuPsk 56 r2 *sabhāgatā sattvasāmyaṃ sattvasādṛśyaṃ sattvānām ekārthābhirucitāhetuḥ*. Cf. further Abhidh-k-bh(H) 23 f.; BauddhaK I 161 ff.; II 222 ff.; IV 239 ff.; V 75 f.

[265] TochSprR(B) 181 a4 °*pratilaṃbhāḥ*.

[266] TochSprR(B) 181 a4 (*vastupra*)*tila*(*ṃ*)*bhaḥ kata*[*ra*] ///.

	Prak$_H$	Prak$_G$	PV$_F$
	skandhānāṃ pratilābhaḥ		
4.1.9a	處得云何	云何入得	云何得處
	āyatanapratilā(bhaḥ katamaḥ)[267]		
b	謂得內外處	謂得內外入	謂獲內外處
	(ādhyātmika)(20.1)(b)āhyānām āyatanānāṃ yaḥ pratilābhaḥ |[267]		
4.1.10a	生云何	云何生	云何爲生
	jā(t)iḥ katamā[268]		
b	謂令諸蘊起	謂轉陰	謂成就蘊
	skandhān(ā)ṃ (prādurbhāvaḥ[269] |)[268]		
4.1.11a	老云何	云何老	云何爲老
	(jarā katamā |)[270]		
b	謂令諸蘊熟	謂陰熟	謂諸蘊熟
	(20.2) sk(a)ndhānāṃ paripākaḥ |[270]		
4.1.12a	住云何	云何住	云何爲住
	sthitiḥ katamā ·[271]		
b	謂令已生諸行不壞	謂行起未壞	謂諸行不壞[272]
	utpannānāṃ saṃskārāṇām a(v)i(nāśaḥ)[263]		
4.1.13a	無常〈性〉云何	云何無常	云何無常性
	(anityatā kata)(20.3)(m)ā ·[273]		

[267] TochSprR(B) 181 a5 *(ā)y(at)ā[na]p(r)atilaṃbhaḥ* (sic) *kataraḥ* ... (Toch.) *(ādhyātmi)[k](a)-bāhyānā[m ā]ya ///.*

[268] Cf. ArthavSū(V) I 314.4 ff. *jātiḥ katamāḥ? yā teṣāṃ teṣāṃ sattvānāṃ tasmiṃs tasmin sattvanikāye jātiḥ, saṃjātiḥ, avakrāntiḥ, abhinirvṛttiḥ, skandhānāṃ prādurbhāvaḥ, āyatanānāṃ pratilambhaḥ, jīvitendriyasyodbhavaḥ*; Śikṣ 223.12 f. *yā karmanirjātānāṃ skandhānām abhinirvṛttiḥ sā bhavapratyayā jātir ity ucyate*; MuPSk 56 r2 *jātiḥ skandhābhinirvṛttiḥ*. Cf. also BauddhaK I 175 f.; II 252 ff.; IV 257 ff.; V 94 f.

[269] Or *abhinirvṛttiḥ*.

[270] TochSprR(B) 182 a4 *skandhaparipāka*; MuPSk 56 r2 *jarā skandhaparipākaḥ*. Cf. BauddhaK I 179 f.; II 255 ff.; IV 263 ff.; V 95 ff.

[271] TochSprR(B) 182 a5 *sthitiḥ katarā ·* ... (Toch.) *utpannānāṃ saṃskā[r]āṇāṃm a[vi] ///*; MuPSk 56 r2 *sthitir utpannānāṃ dharmāṇām avināśaḥ*. Cf. Abhidh-k-bh(Pā) [98]. Cf. also BauddhaK I 177 f.; II 258 ff.; IV 260 ff.; V 98 ff.

[272] P.Chin. 2116 懐.

[273] TochSprR(B) 182 b2 /// *(saṃskār)āṇāṃ vinā[śa]*; MuPSk 56 r2 f. *anityatā utpannānāṃ dharmāṇāṃ vināśaḥ*. Cf. BauddhaK I 181 f.; II 261 ff.; IV 266 ff.; V 101 ff.

		Prak$_{H}$	**Prak$_{G}$**	**PV$_{F}$**
	b	謂令已生諸行滅壞	謂行起壞	謂諸行壞[272]
		(utpannānā)ṃ (sa)ṃskārāṇāṃ vināśaḥ |[273]		
	4.1.14a	名身云何	云何名身	云何名身
		nāmakāyāḥ katame[274]		
	b	謂增語	謂增語	即彼增語
		(*not preserved*)[274]		
	4.1.15a	句身云何	云何句身	云何句身
		(padakāyāḥ katame |)[275]		
	b	謂字滿	謂字滿	謂文圓滿
		(20.4) akṣarapāripūriḥ ·[275]		
	4.1.16a	文身云何	云何味身	云何文身
		vyaṃjanakāyāḥ k(atame |)[276]		
	b	謂字眾	謂字身。說味身	即彼字身。名爲文身
		(3.1) /// k. .. .. ·[276]		
II.v(B)	2.1a	虛空云何[277]	云何虛空[277]	云何處空[278/277]
		ākāśaṃ katarat*[279]		

[274] Abhidh-k-vy 181.29 *saṃjñāsamuktayo nāmakāyāḥ*; AS(G) 19.1 f.; AS(P) 11.11 f.; AS-vy(L) 19 v2; PSk A4.2.11 *nāmakāyāḥ katame* | *dharmāṇāṃ svabhāvādhivacanāni* (AS(G); AS(P); AS-vy(L) °*vacane nāmakāyā iti prajñaptiḥ*); MuPSk 56 r3 *nāmakāyāḥ saṃjñāyā adhivacanam etat*. Cf. further BauddhaK I 183 f.; II 242 ff.; IV 269 ff.; V 86 f.

[275] MuPSk 56 r3 *padakāyā akṣaraparipūrir eṣā*; Abhidh-k-vy 181.29 *vākyasamuktayaḥ padakāyāḥ*; AS(G) 19.2 f.; AS(P) 11.12 f.; AS-vy(L) 19 v3; PSk A4.2.12 *padakāyāḥ katame* | *dharmāṇāṃ viśeṣādhivacanāni* (AS(G); AS(P) °*vacane padakāyā iti prajñaptiḥ*). Cf. further BauddhaK I 185 ff.; II 245 ff.; IV 273 ff.; V 88 f.

[276] Abhidh-k-vy 181.29 f. *akṣarasamuktayo vyaṃjanakāyāḥ*; AS(G) 19.3; AS(P) 11.13 f.; AS-vy(L) 19 v4 *vyañjanakāyāḥ katame* | *tadubhayāśrayeṣv akṣareṣu vyañjanakāyā iti prajñaptiḥ*; PSk A4.2.13 *vyañjanakāyāḥ katame* | *akṣarāṇi tadubhayābhivyañjanatām upādāya*; MuPSk 56 r3 *vyañjanakāyo 'kṣarāṇi*. Cf. further BauddhaK I 188 f.; II 248 ff.; IV 277 ff.; V 90 f.

[277] Cf. Vibh$_{H}$ 388 c8 ff. 如品類足作如是言。云何虛空。謂有虛空。無障無礙。色於中行。周遍增長; Vibh$_{B}$ 291 b4 f. 如波伽羅那說。云何爲虛空。答曰。爲虛空不障礙色。令色周遍.

[278] Misprint of T. H&P 虛空 (= P.Chin. 2116; P.Chin. 2073 id.).

[279] MuPSk 57 v4 ... *ākāśaṃ gaganam** | *asphuṭam asphāraṇīyaṃ rūpagatena*; Śikṣ 249.8 f. *evaṃ bāhye 'pi yad asphuṭam aspharaṇīyaṃ rūpagatenapaliguddhaṃ suṣirabhāvaś chidraṃ* | *ayam ucyate bāhyaḥ ākāśadhātuḥ*; ŚrBh(T) III 160.3 ff. (kindly drawn to my attention by L. Schmithausen) *ye deśā asphuṭā aspharaṇīyā rūpagatena* (ex coni.; Ms *vāyu*°) ... *tasmād ākāśadhātor nimittam udgṛhyādhyātmam* (ex coni.; Ms °*gṛhṇāty ādhy*°) *abdhātuṃ* ... *ākāśadhātum adhimucyate*; Abhidh-k-bh(P) 3.23 *anāvaraṇasvabhāvam ākāśaṃ yatra rūpasya gatiḥ*; PSk

		Prak$_H$	**Prak$_G$**	**PV$_F$**
	b	謂體空虛。寬曠[280]無礙。不障色行[277]	謂虛空無滿。容受諸色。來去無礙[277]	所行之因。即是虛空。非有障礙。[281–]諸色種類。不能遍覆[–281 / 277]
		yad ākāśaṃ (ga)ga(nam as)phuṭ(a)m (a)sph(a)r(aṇīyaṃ r)ū(pagatena |)[279]		
	c	ø	ø	此名虛空
		ø		
	2.2a	非擇滅云何	(*see* 2.3a, below)	云何非擇滅
		(3.2) (apratisaṃkhyānirodha)ḥ kataraḥ[282]		
	b	謂滅非離繫	(*see* 2.3b, below)	謂滅非離
		yo nirodho na t(u) visaṃyogaḥ[282]		
	2.3a	擇滅云何	云何數滅	云何擇滅
		pratisaṃ(khyānirodhaḥ ka)taraḥ[283]		
	b	謂滅是離繫	謂數滅滅是解脫	謂滅亦離
		yo nirodhaḥ sa ca (vi)saṃyo(gaḥ)[283]		
	2.4a	(*see* 2.2a, above)	云何非數滅	(*see* 2.2a, above)
	b	(*see* 2.2b, above)	謂非數滅滅非解脫	(*see* 2.2b, above)
III	1	ø	ø	是故說爲法有五種
		(3.3) + + + + + + + pañca dharmā		
	2	ø	ø	一者色法。二者心法。三者心所有法。四者心不相應行法。五者無爲法
		rūpaṃ cittaṃ caitasikā dh(armāś ci)tt(a)v(i)pr(a)yuktāḥ saṃskārāḥ asaṃskṛta(ñ ca)		

B12.1.1 *ākāśaṃ katamat** | *yo rūpāvakāśaḥ*. Cf. also PSk$_D$ 854 c23 虛空者。謂容受諸色; PSk$_H$ 850 a19 云何虛空。謂若容受諸色. Cf. further Abhidh-k-bh(H) 27 f.; BauddhaK I 190 ff.; II 283 ff.; IV 282 ff.; V 122.

[280] V.l. 廣.

[281– –281] NA$_H$ 332 b12 f. 所有大種及造色聚。一切不能遍覆障故.

[282] PSk B12.1.2 *apratisaṃkhyānirodhaḥ katamaḥ* | *yo nirodhaḥ* | *na ca visaṃyogaḥ*. Cf. also PSk$_D$ 854 c23 f.; PSk$_H$ 850 a19 f. Cf. further BauddhaK I 197 ff.; II 290 ff.; IV 288 ff.; V 123 f.

[283] PSk B12.1.3 *pratisaṃkhyānirodhaḥ katamaḥ* | *yo nirodhaḥ* | *sa ca visaṃyogaḥ*; Abhidh-k-bh(P) 3.24 *pratisaṃkhyānirodho yo visaṃyogaḥ*. Cf. also PSk$_D$ 854 c26; PSk$_H$ 850 a21 f. Cf. further Abhidh-k-bh(H) 28; BauddhaK I 193 ff.; II 286 ff.; IV 284 ff.

Appendix:

Structure of the Pañcavastuka

&

Plates

Structure of the Pañcavastuka

* The elements highlighted in grey are among the 75 elements of the Abhidharmakośabhāṣya. The numbers in parantheses refer to the sequence within the Abhidharmakośabhāṣya.

- pañca dharmāḥ 五法
  - 1. rūpa 色 (*chap. II.i*)
    - 1. catvāri mahābhūtāni 四大種
      - 1. pṛthivīdhātu 地界
      - 2. abdhātu 水界
      - 3. tejodhātu 火界
      - 4. vāyudhātu 風界
    - 2. upādāyarūpa 所造色
      - 1. cakṣurindriya 眼根 (1)
      - 2. śrotrendriya 耳根 (2)
      - 3. ghrāṇendriya 鼻根 (3)
      - 4. jihvendriya 舌根 (4)
      - 5. kāyendriya 身根 (5)
      - 6. rūpa 色 (6)
      - 7. śabda 聲 (7)
      - 8. gandha 香 (8)
      - 9. rasa 味 (9)
      - 10. spraṣṭavyaikadeśa 所觸一分 (10)
      - 11. avijñapti 無表色 (11)
  - 2. citta 心 (12) (*chap. II.ii*)
    - 1. cakṣurvijñāna 眼識
    - 2. śrotravijñāna 耳識
    - 3. ghrāṇavijñāna 鼻識
    - 4. jihvāvijñāna 舌識
    - 5. kāyavijñāna 身識
    - 6. manovijñāna 意識
  - 1. vedanā 受 (13)
    - 1. sukhā v° 樂受
    - 2. duḥkhā v° 苦受

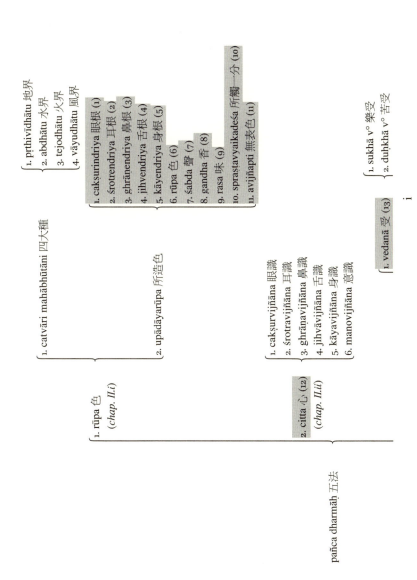

- 3. aduḥkhāsukhā v° 不苦不樂受

3. caitasikā dharmāḥ 心所法 (*chap. II.iii*)

- 2. saṃjñā 想 (15)
  - 1. parīttasaṃjñā 小想
  - 2. mahadgatasaṃjñā 大想
  - 3. apramāṇasaṃjñā 無量想
- 3. cetanā 思 (14)
  - 1. kuśalā c° 善思
  - 2. akuśalā c° 不善思
  - 3. avyākṛtā c° 無記思
- 4. sparśa 觸 (17)
  - 1. sukhavedanīyaḥ s° 順樂受觸
  - 2. duḥkhavedanīyaḥ s° 順苦受觸
  - 3. aduḥkhāsukhavedanīyaḥ s° 順不苦不樂受觸
- 5. manaskāra 作意 (20)
  - 1. śaikṣamanaskāra 學作意
  - 2. aśaikṣamanaskāra 無學作意
  - 3. naivaśaikṣanāśaikṣamanaskāra 非學非無學作意
- 6. chanda 欲 (16)
- 7. adhimokṣa 勝解 (21)
- 8. śraddhā 信 (23)
- 9. vīrya 勤 (24)
- 10. smṛti 念 (19)
- 11. samādhi 定 (22)
- 12. prajñā 慧 (18)
- 13. vitarka 尋 (53)
- 14. vicāra 伺 (54)
- 15. pramāda 放逸 (34)
- 16. apramāda 不放逸 (32)
- 17. kuśalamūla 善根
  - 1. alobha 無貪善根 (28)
  - 2. adveṣa 無瞋善根 (29)
  - 3. amoha 無癡善根

3. caitasikā dharmāḥ

- 18. akuśalamūla 不善根
  - 1. lobha 貪不善根
  - 2. dveṣa 瞋不善根
  - 3. moha 癡不善根 (33)
- 19. avyākṛtamūla 無記根
  - 1. avyākṛtā tṛṣṇā 無記愛
  - 2. avyākṛtā dṛṣṭiḥ 無記見
  - 3. avyākṛto mānaḥ 無記慢
  - 4. avyākṛtāvidyā 無記無明
- 20. saṃyojana 結
  - 1. anunayasaṃyojana 愛結
  - 2. pratighasaṃyojana 恚結 (56)
  - 3. mānasaṃyojana 慢結 (57)
    - 1. māna 慢
    - 2. atimāna 過慢
    - 3. mānātimāna 慢過慢
    - 4. asmimāna 我慢
    - 5. abhimāna 增上慢
    - 6. ūnamāna 卑慢
    - 7. mithyāmāna 邪慢
  - 4. avidyāsaṃyojana 無明結
  - 5. dṛṣṭisaṃyojana 見結
    - 1. satkāyadṛṣṭi 有身見
    - 2. antagrāhadṛṣṭi 邊執見
    - 3. mithyādṛṣṭi 邪見
  - 6. parāmarśasaṃyojana 取結
    - 1. dṛṣṭiparāmarśa 見取
    - 2. śīlavrataparāmarśa 戒禁取
  - 7. vicikitsāsaṃyojana 疑結 (58)
  - 9. īrṣyāsaṃyojana 嫉結 (44)
  - 9. mātsaryasaṃyojana 慳結 (43)
- 1. rāga 貪縛 (55)

3. caitasikā dharmāḥ

- 21. bandhana 縛
  - 2. dveṣa 瞋縛
  - 3. moha 癡縛 (33)
- 22. anuśaya 隨眠
  - 1. kāmarāgānuśaya 欲貪隨眠
  - 2. pratighānuśaya 瞋隨眠 (56)
  - 3. bhavarāgānuśaya 有貪隨眠
  - 4. mānānuśaya 慢隨眠 (57)
  - 5. avidyānuśaya 無明隨眠
  - 6. dṛṣṭyanuśaya 見隨眠
  - 7. vicikitsānuśaya 疑隨眠 (58)
- 23. upakleśa 隨煩惱
  - 1. anuśaya 隨眠
  - 2. na anuśaya 非隨眠
- 24. paryavasthāna 纏
  - 1. styāna 惛沈 (37)
  - 2. middha 睡眠 (52)
  - 3. auddhatya 掉舉 (38)
  - 4. kaukṛtya 惡作 (51)
  - 5. īrṣyā 嫉 (44)
  - 6. mātsarya 慳 (43)
  - 7. āhrīkya 無慚 (39)
  - 8. anapatrāpya 無愧 (40)
- 25. jñāna 智
  - 1. dharmajñāna 法智
  - 2. anvayajñāna 類智
  - 3. paracittajñāna 他心智
  - 4. saṃvṛtijñāna 世俗智
  - 5. duḥkhajñāna 苦智
  - 6. samudayajñāna 集智
  - 7. nirodhajñāna 滅智
  - 8. mārgajñāna 道智

- 9. kṣayajñāna 盡智
- 10. anutpādajñāna 無生智

- 26. darśana 見
  - 1. jñāna 智
  - 2. na jñāna 非智
    - 1. duḥkhe dharmajñānakṣāntiḥ 苦法智忍
    - 2. duḥkhe 'nvayajñānakṣāntiḥ 苦類智忍
    - 3. samudaye dharmajñānakṣāntiḥ 集法智忍
    - 4. samudaye 'nvayajñānakṣāntiḥ 集類智忍
    - 5. nirodhe dharmajñānakṣāntiḥ 滅法智忍
    - 6. nirodhe 'nvayajñānakṣāntiḥ 滅類智忍
    - 7. mārge dharmajñānakṣāntiḥ 道法智忍
    - 8. mārge 'nvayajñānakṣāntiḥ 道類智忍
- 27. abhisamaya 現觀
  - 1. jñāna 智
  - 2. darśana 見

4. cittaviprayuktāḥ saṃskārāḥ 心不相應行 (*chap. II.iv*)

- 1. prāpti 得 (59)
- 2. asaṃjñisamāpatti 無想定 (63)
- 3. nirodhasamāpatti 滅定 (64)
- 4. āsaṃjñika 無想事 (62)
- 5. jīvitendriya 命根 (65)
- 6. nikāyasahabhāga 衆同分 (61)
- 7. sthānapratilābha 依得
- 8. vastupratilābha 事得
- 9. āyatanapratilābha 處得
- 10. jāti 生 (66)
- 11. jarā 老 (68)
- 12. sthiti 住 (67)
- 13. anityatā 無常性 (69)
- 14. nāmakāya 名身 (70)
- 15. padakāya 句身 (71)
- 16. vyañjanakāya 文身 (72)

v

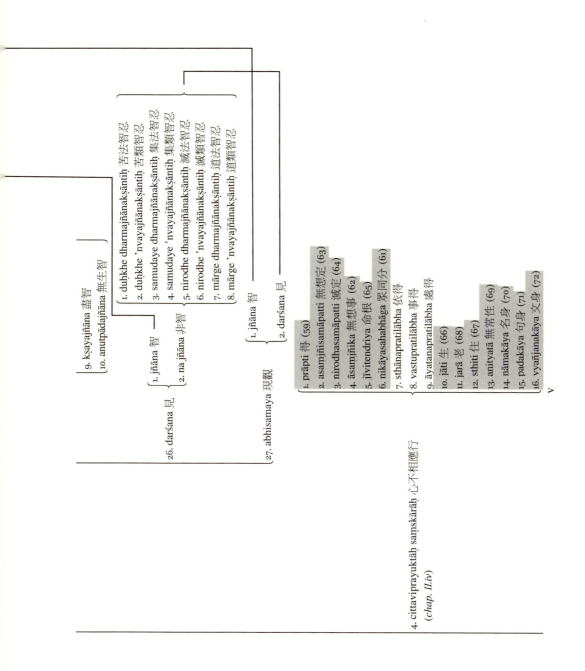

5. asaṃskṛta 無爲 (*chap. II.v*)

- 1. ākāśa 虛空 (73)
- 2. apratisaṃkhyānirodha 非擇滅 (75)
- 3. pratisaṃkhyānirodha 擇滅 (74)

Plates

by courtesy of
the Berlin-Brandenburg Academy of Sciences and Humanities

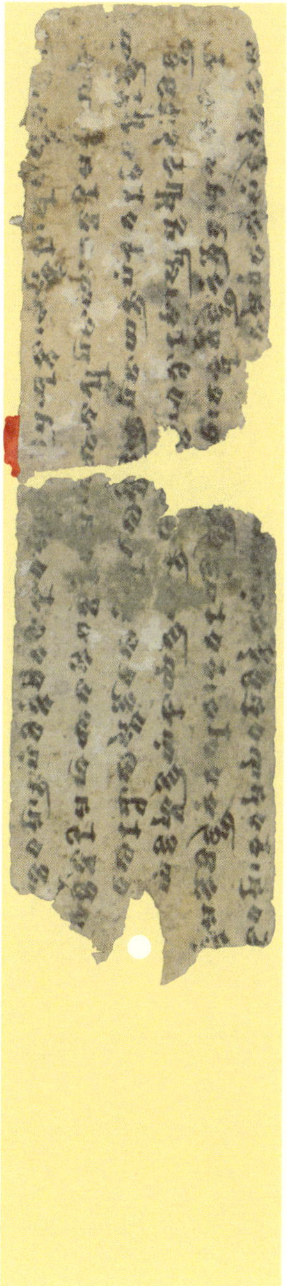

SHT 1808a1+a2 *recto*

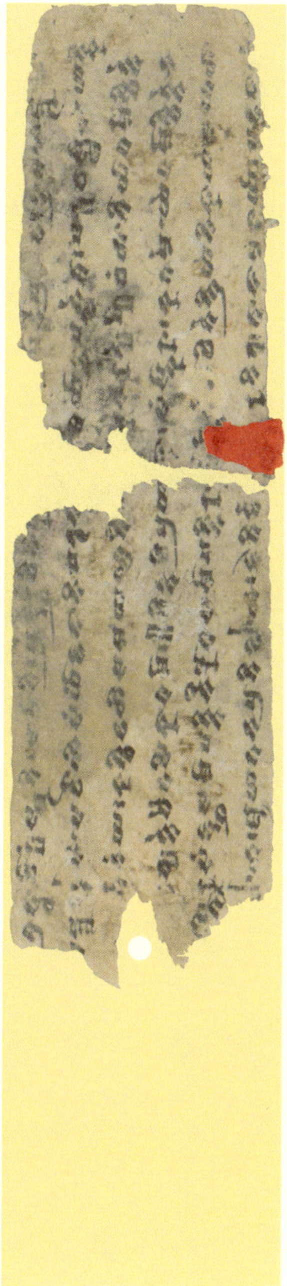

SHT 1808a1+a2 *verso*

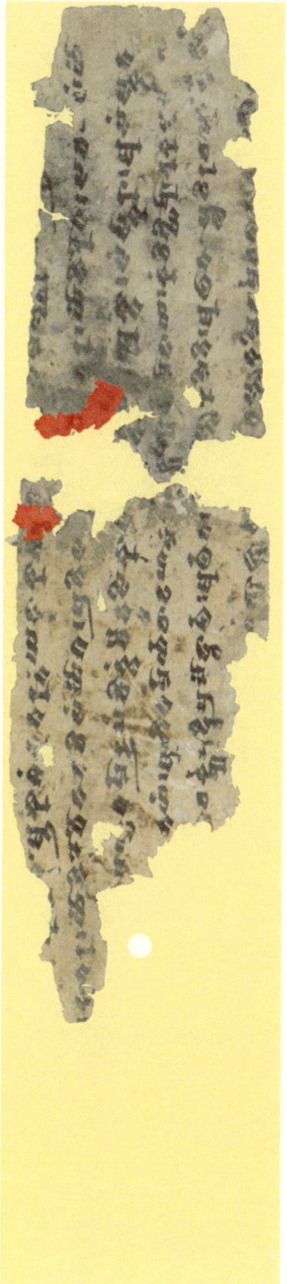

SHT 1808b1+b2 *recto*

II

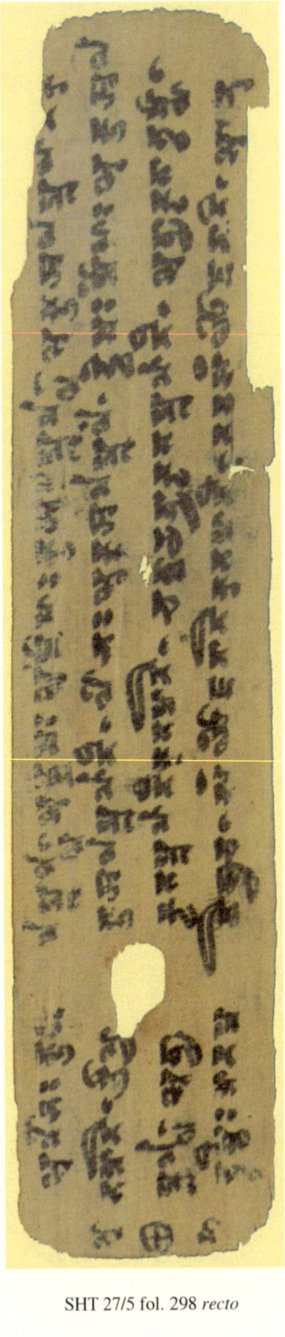

SHT 27/5 fol. 298 *recto*

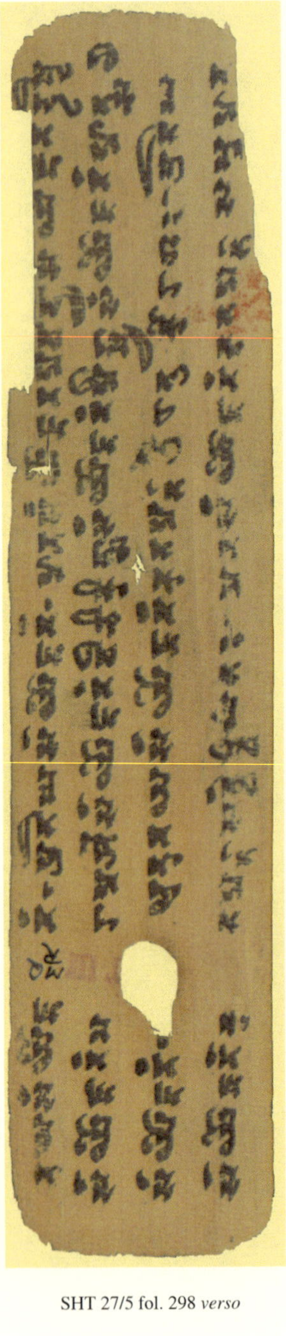

SHT 27/5 fol. 298 *verso*

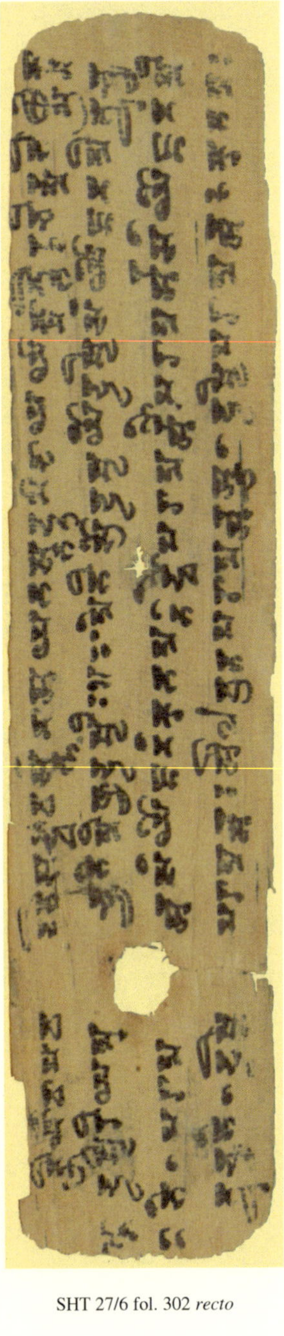

SHT 27/6 fol. 302 *recto*

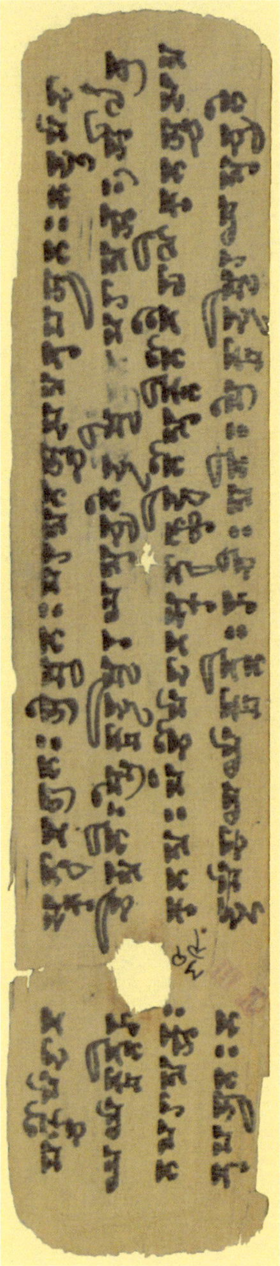

SHT 27/6 fol. 302 *verso*

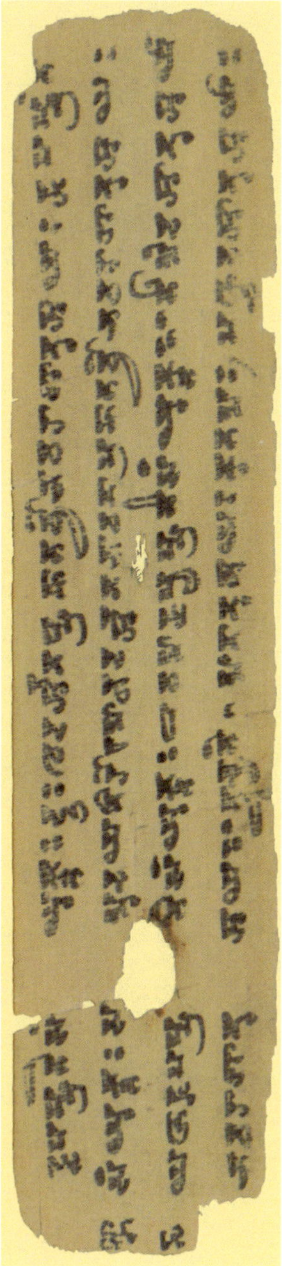

SHT 27/7 fol. 305 *recto*

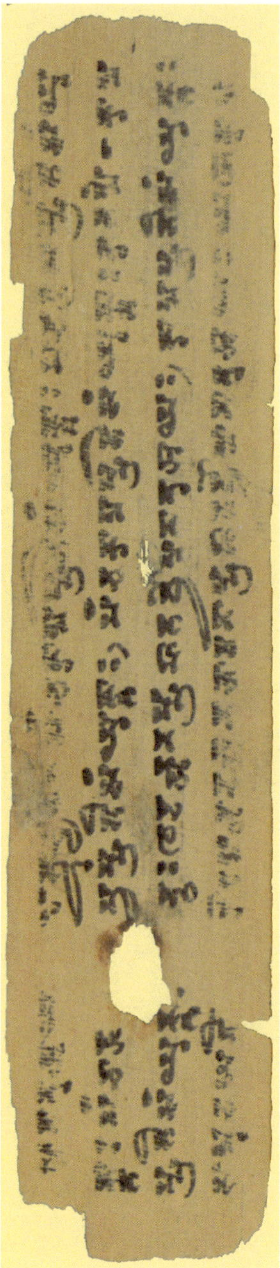

SHT 27/7 fol. 305 *verso*

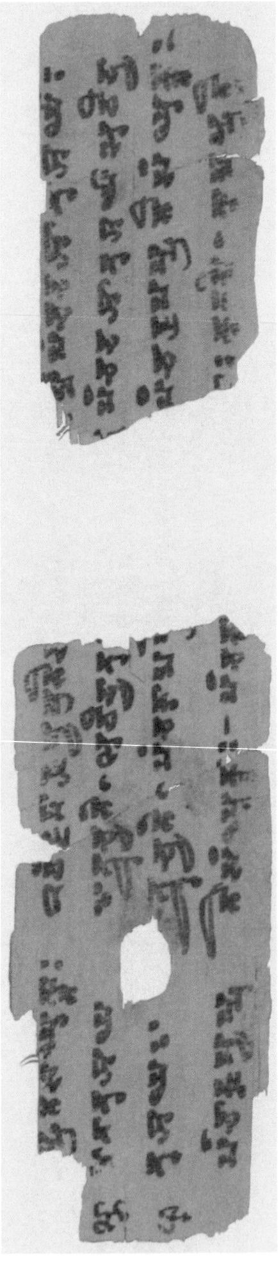

SHT 27/8 fol. 306 *recto*

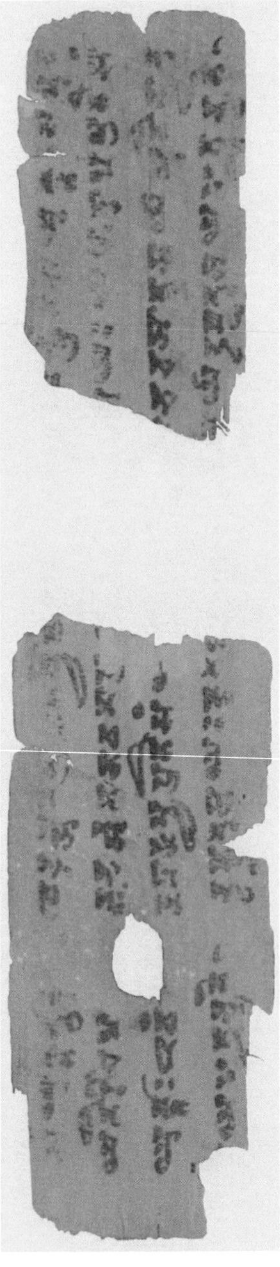

SHT 27/8 fol. 306 *verso*

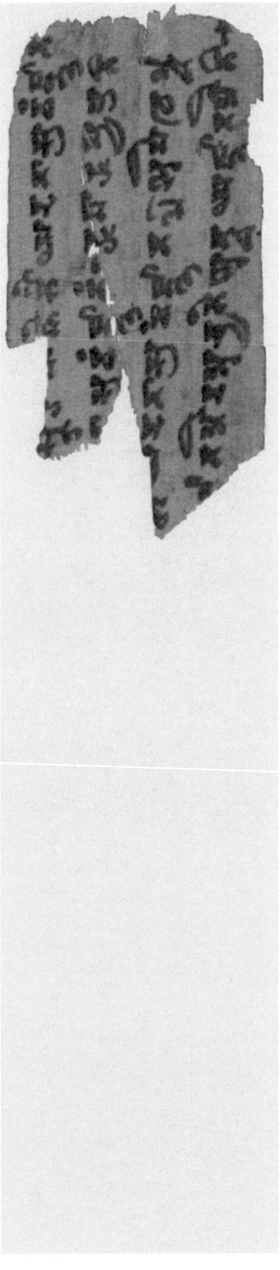

SHT 27/11 fol. 310 *recto*

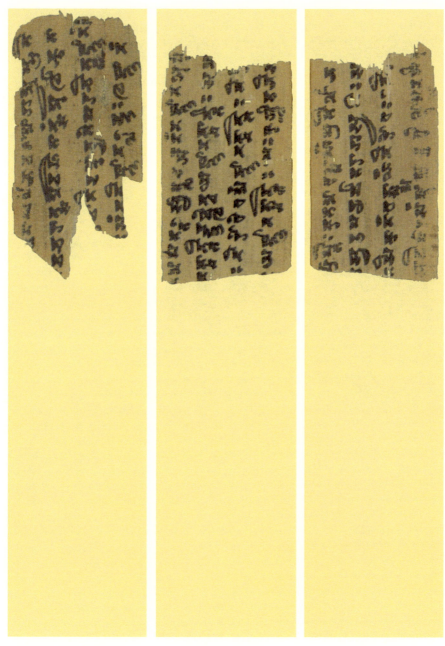

SHT 27/11 fol. 310 *verso*

SHT 27/10 fol. 313 *recto*

SHT 27/10 fol. 313 *verso*

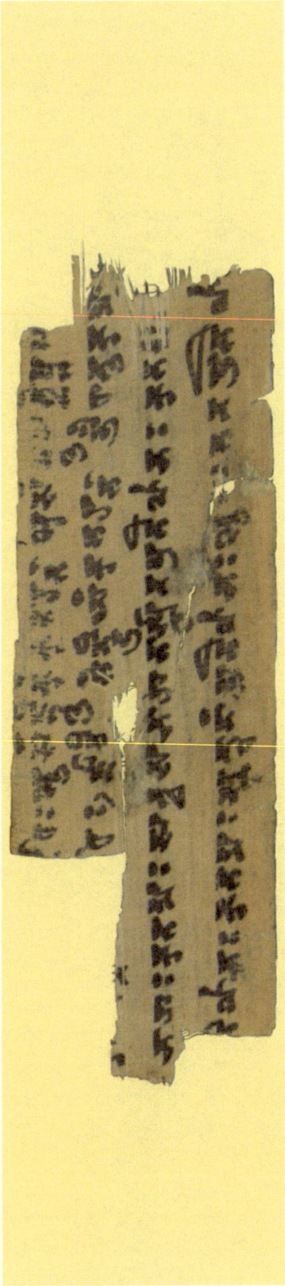

SHT 27/9 fol. 314 *recto*

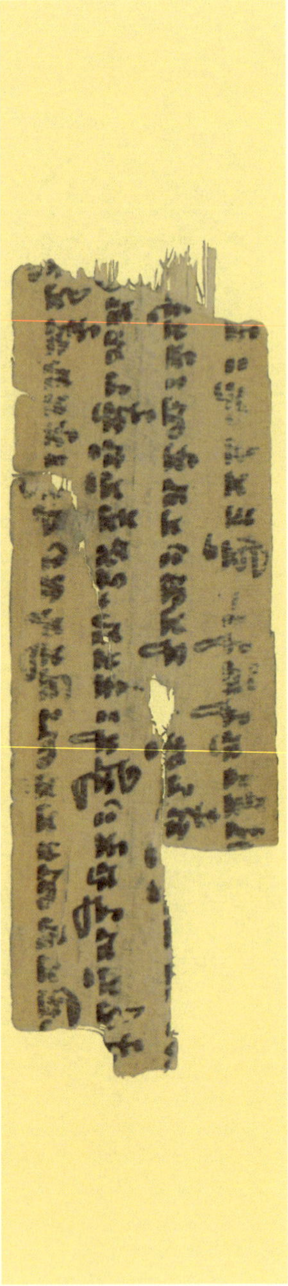

SHT 27/9 fol. 314 *verso*

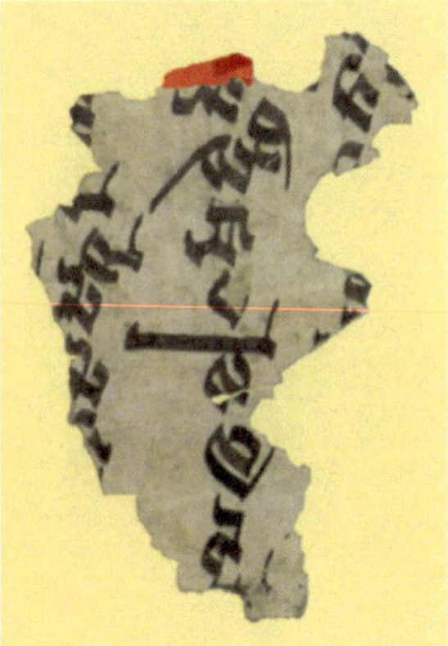

SHT 3239 *recto*

SHT 3239 *verso*

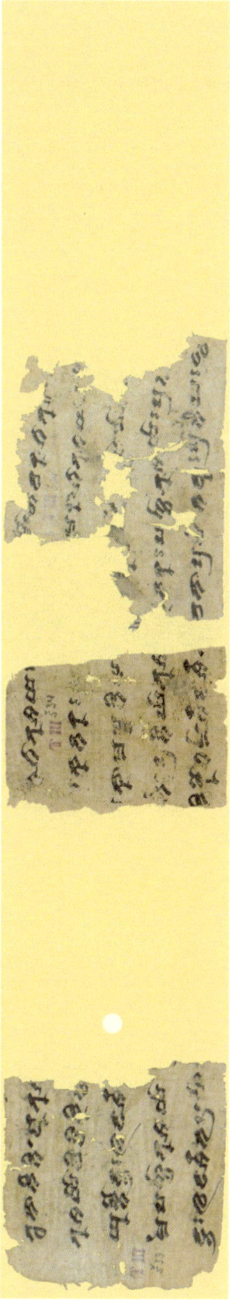

SHT 961a+c+b *recto*

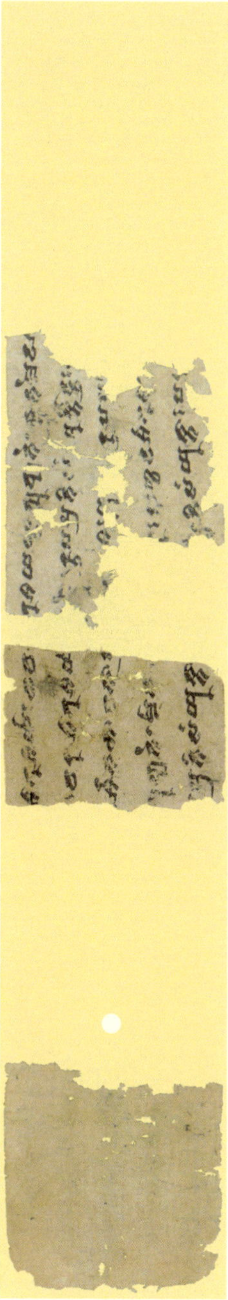

SHT 961a+c+b *verso*

Sanskrit Fragments of the Pañcavastuka
五事論梵文断簡

平成29年8月25日印刷
平成29年9月10日発行

著　者　鄭　　鎮　一
　　　　吹　田　隆　徳
発行者　浅　地　康　平
印刷者　小　林　裕　生

発行所　株式会社　山　喜　房　佛　書　林
東京都文京区本郷五丁目二十八番五号
電話 03-3811-5361　振替東京 00100-0-1900

ISBN978-4-7963-0251-7　C 3015